LA GÉOPOLITIQUE DE L'ÉMOTION

Du même auteur

Crises et guerres au XXe siècle : analogies et différences, Ifri-Economica, 1981.

Le Système communiste : un monde en expansion, Ifri-Economica, 1982.

Le Nouveau Continent : plaidoyer pour l'Europe renaissante, avec Jacques Rupnik, Calmann-Lévy, 1991.

Les Cartes de la France à l'heure de la mondialisation, avec Hubert Védrine, Fayard, 2000.

Dominique Moïsi

LA GÉOPOLITIQUE DE L'ÉMOTION

Comment les cultures de peur, d'humiliation et d'espoir façonnent le monde

Traduit de l'anglais par François Boisivon

Champs actuel

En mémoire de mon père, Jules Moïsi,
matricule 159721 à Auschwitz,
qui survécut à la peur et l'humiliation
pour m'enseigner l'espoir.

ISBN : 978-2-0812-6566-0

PRÉFACE À LA NOUVELLE ÉDITION

Aux mois de janvier et février 2011, « le mur de la peur est tombé », en Tunisie d'abord, en Égypte ensuite… – tout comme en novembre 2008 le candidat de l'espoir l'avait emporté sur celui de la peur aux États-Unis. La géopolitique n'est pas seulement affaire de rationalité, de calcul politique et d'intérêts ; elle ne peut s'appréhender par la seule étude de ces données objectives que sont les frontières, les ressources économiques et la puissance militaire sans examiner de plus près les émotions qui contribuent à façonner notre monde : la peur contre l'espoir, l'espoir contre l'humiliation, l'humiliation conduisant à l'irrationalité pure et simple, voire à la violence. Il est de bonnes émotions, il en est de mauvaises. L'important est de trouver un juste équilibre entre elles.

De profondes transformations sont intervenues dans le monde au cours des derniers mois, en particulier dans le monde arabe. De nombreux lecteurs de *La Géopolitique de l'émotion*, paru pour la première fois dans sa version française en novembre 2008, ont voulu voir dans le chapitre consacré à la culture d'humiliation, prédominante dans le monde arabe, une clé de lecture des événements, voire une vision prescience des phénomènes révolutionnaires qui se sont étendus – à partir de la Tunisie et de l'Égypte, sous des formes et avec des résultats très divers – à un grand nombre d'États de la région.

La cartographie des émotions du monde que j'essayais de bâtir dans ce livre a-t-elle résisté à l'épreuve du temps ? Se peut-il qu'elle sorte renforcée, comme justifiée par l'accélération de l'histoire et l'évolution des relations internationales intervenues au cours des dix-huit derniers mois ? N'y a-t-il pas toujours plus de peur en Europe, sinon aux États-Unis, en dépit de la victoire de Barack Obama ? N'existe-t-il pas autant d'espoir aujourd'hui en Asie, derrière des pays comme la Chine et l'Inde ? Et l'excès d'humiliation dans le monde arabe n'a-t-il pas, au moins en partie, contribué à la chute du « mur de la peur », même s'il est pour le moins prématuré de parler de l'émergence d'une culture d'espoir dans cette partie du monde ?

L'intuition sur laquelle repose plus que jamais cet essai est que le monde vient d'entrer dans un nouveau cycle long de son évolution et que le « flambeau de l'histoire » est en train de passer de l'Occident vers l'Asie, plus globalement vers ce que l'on nomme les pays émergents. Pour comprendre cette évolution radicale et spectaculaire, il faut faire appel aux émotions : opposer la confiance et l'énergie (sinon l'appétit de revanche) des nouveaux venus de la réussite à la fatigue historique de l'Occident européen et à l'obsession du déclin de l'Occident américain.

Les Américains ne sont pas prêts à l'accepter, mais cela n'en est pas moins vrai : nous sommes entrés dans un monde post-occidental. Au début des années 2000, Robert Kagan, grand essayiste américain, avait opposé dans un livre fameux l'Europe qui vient de Vénus et l'Amérique qui vient de Mars [1], soulignant ainsi la « virilité » de la seconde et la douceur un peu molle de la première. Malgré ses divisions profondes, l'Amérique est une aujourd'hui. Mais le pouvoir de ses idées, magnifié par la qualité exceptionnelle des discours de son président, se heurte à la réduction de ses moyens financiers. Et l'Europe apparaît toujours plus fragile avec ses institutions hybrides, presque résignée à devenir au mieux une sorte de « Grande Suisse », en marge de l'Histoire. Cela dit, « Mars et Vénus » ne sont-ils pas en réalité dans le même bâteau, unis par une situation économique et financière préoccupante, par le poids de dettes toujours plus faramineuses et par la montée de mouvements populistes toujours plus virulents ?

À l'inverse, le concept de puissance émergente s'est tout à la fois approfondi et élargi. La Chine, c'est évident, constitue un cas à part, même si sa réussite éclatante est assombrie par le doute sur la poursuite indéfinie de sa croissance et par la montée en son sein d'un nationalisme plus « agressif ». Les trois autres membres des BRIC (le Brésil, la Russie et l'Inde) connaissent des évolutions très divergentes. La Russie, malgré sa superpuissance énergétique, souffre de plus en plus de la

1. *Of Paradise and Power : America and Europe in the New World Order*, Knopf Publishing Group, 2003 ; trad. fr. *La Puissance et la Faiblesse. Les États-Unis et l'Europe dans le nouvel ordre mondial*, Plon, 2003.

concurrence des grandes démocraties créatrices de richesses que sont l'Inde et le Brésil. Le contraste entre la splendeur de la culture russe et la misère de sa culture politique n'a fait que s'aggraver au cours des dernières années. Mais surtout, le « club des grands émergents » s'est élargi vers des pays musulmans non arabes comme la Turquie et l'Indonésie. Ces deux nouveaux venus apportent la preuve qu'islam et modernité, islam et démocratie ne sont pas incompatibles.

Il s'agit là d'un enseignement essentiel à l'heure des « révolutions arabes ». L'usage du pluriel est ici fondamental et l'expression est plus prudente – sans doute plus juste aussi – que celle de « printemps arabe », que je reconnais avoir moi-même trop utilisée dans l'enthousiasme des premières semaines.

Face à des événements aussi considérables que ceux intervenus récemment dans le monde arabe, un principe s'impose : penser de manière stratégique sur le long terme. Il faut éviter de passer brutalement de l'enthousiasme à l'abattement, de la célébration du « printemps » inespéré à la dénonciation de « l'hiver » inéluctable. Nous sommes seulement au début d'un processus révolutionnaire qui passera par de nombreux cycles.

Qui aurait pu se prononcer de manière définitive à la fin de l'année 1789, alors que la Révolution française avait un peu plus de six mois derrière elle ? Cette dernière, « matrice » de toutes les révolutions, constitue sans doute la référence la plus utile pour comprendre ce qui est en train de se passer sous nos yeux de l'autre coté de la Méditerranée. On pourrait certes développer l'analogie avec d'autres épisodes :

• l'Europe de 1848 – les réseaux sociaux (Twitter et autres) et la chaîne Al Jazeira jouant un rôle équivalent à celui joué jadis par le télégraphe dans la diffusion de l'information révolutionnaire ;

• Mai 1968 pour la mobilisation de la jeunesse ;

• l'Europe de l'Est et du Centre entre 1989 et 1991 (la chute du mur de Berlin et celle de l'empire soviétique) pour l'effet domino ;

• l'Europe du Sud et la chute du franquisme – l'Espagne en 1975 étant, comme la Tunisie de Ben Ali en 2010, ouverte sur le monde par l'économie et le tourisme en dépit de la nature répressive de son système politique ;

• la chute de l'empire ottoman entre 1916 et 1917 pour son impact global dans le monde arabe, même si aujourd'hui une certaine forme d'ordre néo-ottoman semble émerger dans les interstices du « chaos arabe ».

Mais de toutes les références historiques, la plus pertinente, et donc la plus éclairante, demeure la Révolution française. Ce qui fait la spécificité d'un processus révolutionnaire, c'est la rencontre entre un événement accidentel (la prise de la Bastille en 1789 ; la mort d'un petit vendeur de fruits et légumes tunisien, qui s'immole par le feu, en 2010) et des évolutions structurelles lourdes, d'ordre démographique, économique, social, politique et éthique.

Ainsi les révolutions arabes étaient-elles à la fois imprévisibles quant à leur calendrier et inéluctables quant à leur avènement. Les régimes en place, les gouvernements occidentaux qui les soutenaient, mais aussi les mouvements islamistes qui attendaient leur chute ont tous été pris de court par la rapidité et la simultanéité des processus révolutionnaires. Et pourtant, ces derniers ne pouvaient pas ne pas se produire un jour ou l'autre par la rencontre du hasard et de la nécessité.

Sur le plan démographique, la dernière vague des « baby-boomers » du monde arabe, née dans les années 1980-1990, s'est trouvée confrontée aux conséquences de la grande crise financière et économique issue de l'Amérique. Des jeunes toujours plus nombreux et plus diplômés arrivèrent sur un marché du travail qui se réduisait comme peau de chagrin. Chômage d'un côté, hausse du prix des matières premières agricoles de l'autre, absence de toute confiance en la qualité des hommes et des institutions qui gouvernent, indignation toujours plus grande devant le contraste entre la souffrance populaire et le luxe indécent d'hommes « corrompus » au sommet de l'État et de la société : le cocktail ne pouvait qu'être explosif.

Les révolutions arabes sont en réalité « éthiques » encore plus que politiques – mélange de désespoir absolu face au présent et de rejet d'un certain fatalisme historique. Pour la première fois, des masses sont convaincues que « l'avenir peut être autre ». Certes les mouvements islamistes comme celui des « Frères musulmans » en Égypte – mieux organisés et seule force réelle d'opposition depuis très longtemps – possèdent une longueur d'avance. Mais eux aussi sont affectés par le processus révolutionnaire. Ils voient avec inquiétude la montée des « salafistes » encore plus conservateurs qu'ils ne peuvent l'être et qui constituent comme un défi à leur légitimité révolutionnaire.

L'histoire, il faut le répéter, est loin d'être écrite. Aujourd'hui, là où les régimes disposent d'une légitimité monarchique et religieuse comme le Maroc et la Jordanie, les risques de renversement du pouvoir en place semblent un peu moins grands que dans des pays où le despotisme ne repose que sur des bases personnelles, tribales, voire idéologiques comme en Libye ou en Syrie. Dans les premiers cas on songe encore à réformer le régime ; dans les seconds, on veut en changer. Quoiqu'il en soit, par la violence de la répression mise en œuvre, ces régimes ont, à plus ou moins long terme, creusé leur tombe.

Il est bien trop tôt pour dire qu'un jour une culture d'espoir se substituera à une culture d'humiliation dans le monde arabe. Mais qui peut, en revanche, affirmer avec certitude que l'échec annoncé, inéluctable, de forces démocratiques balbutiantes ne fera que confirmer le monde arabe dans sa culture profonde d'humiliation. L'histoire est ouverte et son orientation dépendra avant tout des acteurs locaux. Le monde occidental, même s'il peut jouer un certain rôle à la marge – par son aide économique ou politique sinon, comme en Libye, militaire –, ne doit pas se tromper ni dans ses actions, ni dans le sens qu'il leur attribue. Nous ne nous battons pas pour le triomphe de « nos » valeurs, mais pour le succès de principes que nous partageons avec les forces nouvelles du monde arabe.

Dans un ouvrage publié il y a plus d'un siècle, *L'Europe et la Révolution française*, le grand historien français Albert Sorel analysait les dilemmes auxquels se trouvaient confrontés les monarchies d'Ancien Régime face aux principes révolutionnaires. Devaient-elles se réjouir de l'affaiblissement de leur grand rival traditionnel, la France, ou bien s'inquiéter de l'impact que pourraient avoir les idées révolutionnaires sur l'Europe en général et sur le principe monarchique en particulier ? Toutes proportions gardées, l'Iran, qui s'interroge sur la nature des bouleversements en cours en Égypte, n'est-il pas aujourd'hui dans la situation où se trouvait hier un pays comme l'Autriche des Habsbourg ? N'assistons-nous pas au Caire à un mélange de « révolution » et de « révolution de palais », l'armée ayant, sous la pression des États-Unis, sacrifié la famille Moubarak pour pouvoir garder le contrôle de la nation ?

Un processus est en marche qui bouleverse la donne de l'ensemble de la région, même s'il n'affecte pas aujourd'hui directement l'Arabie Saoudite, par exemple, qui pense avoir les moyens « d'acheter » le plus longtemps possible le bon vouloir de ses citoyens. Le conflit israélo-palestinien était absent des préoccupations des « révolutionnaires » ; il sera très présent lors des premières élections « libres » en Tunisie et en Égypte. L'intérêt bien calculé des régimes en place les poussaient à la « discrétion ». Il n'en sera pas de même des « émotions » des peuples.

Outre les « révolutions arabes », un des événements majeurs de l'année écoulée a été la catastrophe intervenue au Japon en mars 2011. Le tremblement de terre, suivi du tsunami et, plus encore peut-être, de la perte de contrôle total, pendant une période bien trop longue, de la centrale nucléaire de Fukushima sera-t-il le « levier » qui permettra au peuple japonais de sortir de son malaise existentiel ? Contrairement à leurs dirigeants politiques et à leur bureaucratie, les Japonais ne se sont-ils pas montrés d'une solidarité et d'une dignité exceptionnelles face à l'épreuve ? À moins que, au contraire, le sentiment d'être la « cible » privilégiée des dieux et la victime innocente des radiations nucléaires, militaires hier, civiles aujourd'hui, aggrave leur sentiment d'une injustice de l'histoire envers eux ?

Pour la première fois dans le passé récent de la planète, le futur ne dépend plus seulement des décisions de l'Occident démocratique. Nous saurons bientôt, sans doute, si des régimes centralisés et non démocratiques comme le régime chinois sont mieux équipés pour répondre aux crises économiques que de grands pays démocratiques comme les États-Unis. Lors d'une réunion internationale à Washington au printemps 2011, n'a-t-on pas entendu un représentant chinois affirmer : « L'Amérique a peut-être une vision plus large du monde, l'Europe une vision plus profonde, mais la Chine est la seule à penser sur le long terme. »

L'histoire de ce livre rappelle un peu ces poupées russes emboîtées les unes dans les autres que l'on nomme matriochkas. Elle commence en mars 2006, avec un éditorial pour le Project Syndicate (un syndicat d'éditorialistes auquel j'appartiens), que j'avais intitulé : « Le choc émotionnel des civilisations ». Mon ancien professeur et confrère à Harvard, Stanley Hofmann, m'avait à l'époque encouragé à développer mon point de vue pour en faire un petit essai, qui fut publié par la revue *Foreign Affairs* en janvier 2007. Cet article, intitulé cette fois-ci « Le choc des émotions » suscita un vif débat, et je fus invité par les médias américains à présenter et à défendre ma thèse – ce qui me valut notamment de passer sur les ondes de la National Public Radio, dans l'émission « On point » (« Au Fait »). Charlie Conrad, l'un des responsables de la maison d'édition Random House, m'écoutait ce jour-là, et il me demanda de faire de mon petit essai un livre. Ainsi naquit *La Géopolitique de l'émotion.*

Lire un auteur français traduit de l'anglais n'est pas banal. Pour les raisons mentionnées plus haut, j'avais répondu à la commande d'un éditeur américain qui, m'ayant lu en anglais, trouvait tout naturel que je continue d'écrire dans la langue de Shakespeare et non dans celle de Molière. J'aurais pu me traduire moi-même, mais je n'en avais tout simplement pas le temps et j'aurais en fait écrit un autre livre. Chaque langue a son rythme et sa musique. J'ai eu la chance de rencontrer en mon traducteur, François Boisivon, une âme-sœur qui ne fit pas que me traduire mais qui m'accompagna tout au long de ce processus si particulier par lequel mon livre naquit une seconde fois, dans ma propre langue. Il comprenait intuitivement ce que je voulais exprimer. Et il a su je crois rendre la « musique » de mon texte. Grâces lui soient rendues. J'ai bien sûr relu et corrigé avec attention sa traduction ; les erreurs conceptuelles, les simplifications sont donc les miennes et ne sauraient être imputables à mon traducteur.

Dominique MOÏSI,
Paris – Joigne, le 11 juillet 2011.

I

Le choc des émotions

« La mondialisation, c'est formidable, mais ce n'est pas pour nous. Nous ne sommes ni Asiatiques ni Occidentaux. Nous n'y arriverons pas. Nous n'en ferons pas partie. »

C'était l'été 2000. J'avais été invité pour présider une conférence internationale sur la mondialisation à l'université Al Akhawayn à Ifrane, cofondée par les rois du Maroc et d'Arabie saoudite, qui consacre l'essentiel de ses enseignements au management et aux nouvelles technologies. Les cours y sont exclusivement dispensés en anglais, et les étudiants n'y dépareraient pas une université californienne. Le voile est interdit. Jeunes gens et jeunes femmes se promènent main dans la main et s'allongent volontiers, dans la plus grande décontraction, sur les pelouses impeccables dont le vert éclatant tranche avec l'environnement aride à l'extérieur du campus.

Intrigués par la présence d'un Français dans cette réunion internationale, les étudiants m'invitèrent à passer une soirée en leur compagnie. Ils me parlaient en français, langue qui leur est tout de même plus familière que l'anglais. Ils étaient fascinés par la mondialisation, mais voulaient surtout m'entretenir de leurs doutes, sur eux-mêmes et leur avenir. Je fus frappé par le manque de confiance qu'exprimait la formule de l'un d'entre eux : « La mondialisation n'est pas pour nous. » Ces jeunes appartenaient à l'élite marocaine. Ils étaient ces enfants de la classe moyenne/supérieure en qui le pays mettait tous ses espoirs, ceux qui « feraient la différence ». Quelle était donc la cause de ce profond pessimisme quant à leur capacité à maîtriser le futur ?

Plusieurs explications me vinrent à l'esprit. Peut-être doutaient-ils des perspectives politiques de leur gouvernement (les étudiants me faisaient l'éloge de leur jeune roi, à peine monté sur le trône, mais un certain scepticisme, sur leur visage, démentait leurs propos) ? Peut-être encore leur manque de confiance trouvait-il son origine dans la situation géographique de leur pays – si près de l'Europe, mais du « mauvais côté » de la Méditerranée – ou dans leur héritage culturel et religieux ?

Quelle qu'en fût la raison, leur message était clair : s'ils devaient réussir sur la scène d'un monde globalisé, ce seraient par eux-mêmes individuellement, plutôt que comme incarnations de leur pays – et le Maroc ne serait probablement pas la terre de cette réussite. Quelques années plus tard, je rencontrai dans une réunion internationale en Allemagne un jeune et brillant professeur marocain, enseignant dans une université nord-américaine. Né dans le sud du pays, issu d'un milieu rural très pauvre, il avait été remarqué sous le règne de Hassan II, et s'était vu accorder une bourse du roi afin de poursuivre ses études à l'étranger. Hélas, cette bourse s'était perdue dans les sables de la corruption. Quelque bureaucrate avait dû l'attribuer à un autre, un étudiant probablement mieux introduit auprès des élites. Par des chemins de traverse, tout de même, il était finalement et miraculeusement « parvenu » à faire ses études, mais il ne le devait qu'à lui-même et cela s'était passé hors de son pays, dans lequel il n'avait nulle intention de revenir.

L'hiver 2006, je visitai l'Inde pour la première fois. J'arrivai à Mumbai (Bombay), l'un des symboles du miracle économique indien, et fus fasciné par ce que j'y vis. Durant le trajet m'amenant de l'aéroport au centre de la mégalopole, je fus bien vite rappelé à une autre réalité : l'Inde possède aussi le sous-prolétariat le plus important du monde. Dans un trafic incessant et assourdissant, des milliers de pauvres et de sans-abri vivent sur le bord des routes. Mais j'étais pourtant impressionné par l'énergie brute qui émanait de la ville : Mumbai semblait distiller l'espoir.

Suketu Mehta, journaliste et écrivain indien vivant aujourd'hui à New York, explique bien l'état d'esprit auquel je fus sensible durant mon séjour. Mumbai, dit-il, est une ville « où la caste n'a pas d'importance, où une femme peut dîner seule au restaurant sans risquer d'être harcelée, et où l'on peut épouser la personne de son choix. Pour les jeunes villageoises et villageois indiens, l'appel de Mumbai ne se limite pas à celui de l'argent. C'est aussi l'appel de la liberté[1] ». J'ai été frappé par ce magnifique sens de l'optimisme. Les pauvres et les très pauvres continuent d'affluer à Mumbai car ils sont convaincus que même s'ils ne parviennent pas à construire pour eux-mêmes une vie meilleure, leurs enfants ou leurs petits-enfants en auront la possibilité.

Le contraste entre Mumbai la pauvre et ces jeunes gens riches du Maroc n'en est que plus violent. Les premiers, contre toute attente, voient dans la mondialisation une chance, tandis que les seconds la perçoivent comme un défi perdu d'avance.

Une troisième vignette maintenant, de Londres. Le 7 juillet 2006, je marchais dans la ville la plus cosmopolite d'Europe sinon du monde, un an très exactement après les attentats à la bombe qui avaient secoué la capitale britannique en 2005. Je sentais la mémoire des événements très présente encore dans tous les esprits. En retard pour mon prochain rendez-vous, je pris le métro. La tension y était palpable. Quand allait se produire la prochaine attaque terroriste ? Dans le wagon, quelques voyageurs se lançaient des regards soupçonneux. Une jeune femme monta : un voile couvrait presque tout son visage ; elle portait à la main un gros sac et psalmodiait ce qui me sembla une prière. Elle s'assit en face de moi. J'eus soudain la certitude que ma dernière heure était arrivée. Je sentis un frisson de terreur me parcourir la moelle épinière. Je pouvais à peine respirer. À la station suivante, je me ruai au dehors. D'autres m'imitèrent, terrorisés, comme moi. La jeune femme demeura presque seule dans le wagon. Sa solitude, comme un miroir, nous renvoyait l'image de notre peur et de nos préjugés. Son voile, s'il protégeait sa vertu, l'isolait aussi, créant devant nos yeux un halo de terreur, qui la nimbait, tel un brouillard sur un champ de mines.

Je me trouvais dans la capitale financière du monde, une ville riche et animée, mais – du moins ce jour-là – dominée par la peur.

Humiliation à Ifrane, espoir à Mumbai, peur à Londres. Ces trois instantanés et les trois types d'humeur qu'ils révèlent ont-ils un sens au-delà d'eux-mêmes ? Représentent-ils les tendances culturelles sous-jacentes de certaines régions et populations ? Si tel était le cas, se pourrait-il que ces émotions, tenaces ou volatiles, aient une influence sur les conflits politiques, culturels et sociaux qui empoisonnent notre monde ? Ces questions n'ont pas cessé de m'obséder ces dernières années.

Il fut un temps où il était de bon ton, parmi ceux qui s'intéressaient aux affaires étrangères, de mépriser le rôle des émotions. La politique mondiale était le domaine réservé d'une caste de professionnels, principalement des aristocrates européens, qui la regardaient comme un jeu d'échecs. États et gouvernements étaient censés agir rationnellement. Les émotions, coupables d'introduire un surplus d'irrationnel dans un monde dont le désordre était déjà l'état naturel, étaient maintenues sous le boisseau. Les traités de Westphalie, en 1648, eurent pour but de les contenir et de les organiser. Elles n'en éclatèrent qu'avec plus de force lors de la Révolution française de 1789, mais furent une fois encore réprimées, à partir du congrès de Vienne, en 1815, qui mit fin à l'aventure napoléonienne, jusqu'aux révolutions de 1848.

Entre 1917 et 1989, les idéologies remplacèrent les passions nationales. Et l'on pourrait même qualifier le XXe siècle d'« ère des idéologies ». C'est l'achèvement de cette période qui fit dire à Francis Fukuyama – à tort bien sûr, car ce ne sera jamais vrai – que l'histoire elle-même était parvenue à son terme[2]. Erreur compréhensible. Depuis plusieurs générations, l'histoire n'était-elle pas le produit des conflits idéologiques ? Dès lors que s'effondrait l'un des deux adversaires du conflit central, n'était-il pas naturel de penser que la lutte qui constituait l'histoire, sans cesse recommencée en son mouvement de va-et-vient, pouvait elle-même prendre fin ?

Il n'en fut rien. Effectivement. Aujourd'hui, comme nous le verrons, les quêtes identitaires ont remplacé l'idéologie comme moteur de l'histoire ; dans un monde où les médias jouent le rôle d'une caisse de résonance et d'une loupe grossissante, les émotions comptent plus que jamais.

Au sens large, pourtant, qu'elles soient religieuses, nationales, idéologiques ou même purement personnelles, les émotions ont, bien entendu, toujours compté. Tout au long des XIXe et XXe siècles, elles ont occupé le devant de la scène politique. On dit que même Kant, à Königsberg, cessa de travailler le jour de la bataille de Valmy, quand en 1792, au point de l'automne, les armées de la Révolution, défirent les troupes coalisées de l'Ancien Régime. Les mouvements totalitaires du XXe siècle furent *passionnément* idéologiques. Sans reconnaître l'influence cruciale des émotions, il est tout bonnement impossible de comprendre le cours de l'histoire.

Ce qui rend les émotions si particulières, c'est qu'elles semblent nous contrôler, beaucoup plus que nous ne les contrôlons.

J'ai choisi dans ce livre de me concentrer sur trois émotions primaires : l'espoir, l'humiliation et la peur. Pourquoi ces trois-là ? Et non la colère, le désespoir, la haine, le ressentiment, la rage, l'amour, l'honneur, le désir de solidarité, que sais-je encore ? Une raison a guidé mon choix : elles sont toutes trois intimement liées à la notion de *confiance*.

L'espoir est l'expression même de la confiance ; il se fonde sur la conviction qu'aujourd'hui est meilleur qu'hier et que demain sera meilleur qu'aujourd'hui. L'humiliation est la confiance trahie de ceux qui ont perdu espoir dans le futur ; si vous avez perdu l'espoir, c'est la faute des autres, de ceux qui vous ont maltraités par le passé. Lorsque le contraste entre les frustrations du présent et un passé glorieux et idéalisé devient trop fort, l'humiliation prévaut. Quant à la peur, elle est l'absence de confiance ; vivre sous l'emprise de la peur, c'est non seulement s'inquiéter du présent, mais attendre du futur plus de dangers encore. Si l'on voulait résumer ces trois émotions en trois formules, on pourrait dire que l'espoir est celle qui dit : « Je veux le faire, je peux le faire et je vais le faire », l'humiliation celle qui murmure : « Je n'y arriverai jamais », et peut hurler : « Je pourrais aussi bien te détruire, puisque je ne peux me joindre à toi », et la peur, celle qui s'exclame : « Ô mon Dieu ! le monde est à présent tellement dangereux ! Comment pourrai-je en être protégé ? »

Ces trois émotions expriment à quel degré on a foi en soi-même. La confiance est vitale, tant pour les nations et les civilisations que pour les individus, car elle permet de se projeter dans le futur, de donner forme à ce dont on est capable et même de transcender ses talents. La confiance, qui n'est pas l'*hubris* (la démesure, l'orgueil), est l'un des ingrédients les plus importants de la bonne santé du monde. On peut la mesurer de façon objective aussi bien que subjective. Dans le monde d'aujourd'hui où le sport, par le relais des médias, est devenu l'équivalent d'une religion séculière, une victoire sur le terrain de jeu peut parfaitement, même un bref moment, redonner le moral à toute une population. Il suffit de considérer l'impact qu'eurent les victoires des équipes de football de France et d'Espagne au Mondial 1998 pour la première et à l'Euro 2008 pour la seconde. On se sent « sur un nuage », en communion avec l'équipe nationale. La confiance peut aussi trouver une traduction dans l'architecture, la peinture, la musique. Qu'on pense à la peinture hollandaise du XVIIe siècle, en son siècle d'or, comme on dit, où se mêlent la fierté de la tâche accomplie et les valeurs familiales. Qu'on songe à la musique de Purcell, célébrant la gloire de l'Angleterre après la Glorieuse Révolution, à la fin de ce même XVIIe siècle. D'une façon objective, cette fois, la confiance peut-être cartographiée, par ce qu'on nomme, justement, des indicateurs de confiance, mesurant scientifiquement celle d'une population en son propre avenir, et qui se traduisent de la façon la plus concrète qui soit par les dépenses de celle-ci. Le niveau des investissements l'exprime également. Les Russes, par exemple, continuent d'investir leur argent dans leur propre pays. Le taux de natalité est d'une interprétation plus complexe. Le progrès développe l'individualisme, qui lui-même conduit à une réduction, qu'on peut considérer comme positive, des taux de natalité ; mais le désespoir d'une population peut avoir la même conséquence, qu'on ne saurait alors trop déplorer. En géopolitique, la confiance peut s'affirmer par des accords entre États. De ce point de vue, les accords passés entre la Chine et l'Inde au début des années quatre-vingt-dix, destinés à construire la confiance, reflètent la sérénité croissante des deux géants asiatiques.

Certes, ces émotions – espoir, humiliation et peur – sont souvent beaucoup plus intimement mêlées que ne le suggèrent mes anecdotes. La peur n'est jamais loin de l'espoir, et il ne faudrait pas creuser très profond pour trouver, au-delà de la peur et parfois même de l'espoir, l'humiliation.

Ce livre témoigne du parcours personnel d'un homme « passionnément modéré », qui a consacré sa vie à l'étude des relations internationales. J'ai acquis la conviction que les visions simplifiées du monde – qu'elles pèchent par excès d'optimisme, tel le « triomphe de la démocratie » glorifié par Francis Fukuyama, ou de pessimisme comme le « choc des civilisations » de Samuel Huntington[3] – sont tout simplement dangereuses. C'est pour cette raison que je ne prétends pas livrer ici de théorie totale du monde, mais que je cherche au contraire à offrir une correction aux instruments trop grossiers qui tendent à dominer le discours. On trouvera donc dans les pages qui suivent ce mélange d'émotions et de demi-teintes qui caractérisent véritablement notre monde.

Je ne suis évidemment pas le seul à avoir insisté sur l'importance des émotions. De Platon à Hobbes, de Kant à Hegel, les philosophes ont toujours mis l'accent sur l'influence du concept classique de « passion », en tant qu'il s'oppose à la notion marxiste d'intérêt de classe, selon laquelle les interactions publiques et politiques sont avant tout fonction des statuts économiques et sociaux. Il ne s'agit pas pour autant d'un livre d'histoire des émotions, mais d'un essai sur la mondialisation et sur la nécessité de convoquer les émotions pour comprendre notre monde en transformation. C'est une tentative de produire une carte de la mondialisation en fonction des émotions.

Cet essai est redevable à ceux qui furent mes mentors intellectuels : Stanley Hoffmann à Harvard et Pierre Hassner à Paris : ils ont souligné tous les deux dans leurs travaux l'influence des émotions sur la géopolitique. Ils furent aussi mes professeurs, avant que je ne devienne leur confrère et ami, et sont tous deux disciples de Raymond Aron. Les livres de Pierre Hassner m'ont ouvert les yeux sur la complexité du monde et sur les dangers de la simplification[4] ; Stanley Hoffmann, l'enseignant le plus généreux et le plus ouvert que j'aie jamais rencontré, a renforcé une conviction profonde, qui est mienne : c'est être réaliste que d'être moral[5].

Mon approche est néanmoins différente des leurs. Elle est à la fois beaucoup plus impressionniste et beaucoup plus globale, usant délibérément d'anecdotes comme de références artistiques et culturelles. Je n'aurais pas écrit ce livre sans eux, mais c'est en même temps un travail éminemment personnel, dans lequel j'ai tenté d'exprimer mes pensées, mes émotions propres, alors même que j'y étudie l'impact des émotions humaines, en général, sur les grands événements qui se déroulent dans le monde, autour de nous.

II

Mondialisation et quête identitaire

À l'âge de la mondialisation, les émotions, qui la reflètent et qu'elle provoque tout à la fois, amplifiées par les médias, s'avèrent indispensables pour saisir la complexité du monde d'aujourd'hui. À leur tour, elles influencent la géopolitique. Si, pour reprendre la célèbre métaphore de Thomas Friedman, la terre est à nouveau « plate[1] », elle est aussi devenue plus passionnée que jamais.

Nous verrons bientôt pourquoi. Mais il nous faut d'abord clarifier la nature de la mondialisation elle-même, car beaucoup la méconnaissent. Avec une bonne dose de pédagogie, Thomas Friedman, dans son livre *The Lexus and the Olive Tree*[2] (« La Lexus et l'Olivier »), définit la mondialisation comme le système international ayant succédé à celui de la guerre froide. Mais à la différence de cette dernière, elle n'est pas statique : elle enclenche un processus dynamique et continu. « La mondialisation, dit-il, entraîne l'intégration inexorable des marchés, des États-nations et des technologies, à un degré jamais observé – de sorte que les personnes, les entreprises et les États-nations ont la possibilité de se porter plus loin, plus vite et moins cher n'importe où sur la planète, de sorte également que la réaction des laissés pour compte et de ceux que brutalise le nouveau système est plus puissante[3]. »

Pour beaucoup, notamment parmi ses détracteurs, la mondialisation s'identifie à l'américanisation du monde. L'expansion de l'influence américaine remonte à la fin de la Seconde Guerre mondiale, mais elle a connu un regain lorsque, après l'écroulement de l'Empire soviétique, en 1991, les États-Unis ont endossé par défaut le rôle de l'unique superpuissance mondiale. L'intégration croissante des économies et des cultures s'est donc faite aux conditions américaines. Et les protestations qui s'élèvent contre la mondialisation, qui se renforcent à mesure que s'aggrave la crise économique et sociale, mêlent, dans leur lutte pour l'égalité, le commerce équitable et le développement durable, critiques anti-capitalistes et sentiments anti-Américains.

À y regarder de plus près, pourtant, l'équation entre mondialisation et américanisation apparaît trop simple sinon simpliste. Car si l'influence culturelle des États-Unis est omniprésente et sans précédent, l'Asie est en train de dépasser l'Occident sur le terrain économique. La crise financière actuelle est certes mondiale. Mais elle révèle et approfondit avant tout les déséquilibres structurels de l'économie américaine et au-delà occidentale. L'Amérique s'est montrée irresponsable dans la gestion de sa dette. La capacité de ses financiers et la légèreté de ses politiques l'ont menée à une impasse qui renforce une évolution géopolitique en profondeur. La phase actuelle de la mondialisation reflète l'arrivée à la majorité du continent asiatique, alors que la puissance économique se transfère de l'Occident, dominé par l'Amérique, vers la Chine et vers l'Inde.

La mondialisation peut donc être vue comme la combinaison de deux phénomènes distincts, qu'on pourra à leur tour considérer comme contradictoires ou au contraire complémentaires. D'un côté, nous assistons aux conséquences de l'américanisation culturelle du monde – ainsi, pour l'économiste Daniel Cohen, la réduction graduelle des taux de natalité dans l'hémisphère nord est-elle directement imputable au succès des séries télévisées américaines : les familles avec deux enfants sont devenues un idéal universel[4]. Mais d'un autre côté, l'essor économique de l'Asie porte en germe la fin du monopole longtemps exercé par le modèle occidental. La domination de l'Occident sur le monde, qui commence avec la fondation du Raj en Inde, à la fin du XVIIIe siècle, et le déclin de la Chine, au milieu du XIXe, pour culminer dans la première partie du XXe siècle, semble parvenir à son terme. Cela ne surprendra guère les historiens, qui savent depuis longtemps que l'essor et la chute des empires suivent un modèle cyclique.

La situation ainsi créée est celle d'une « multipolarité asymétrique » : les acteurs principaux sur la scène du monde sont non seulement inégaux en termes de puissance et d'influence, mais portent aussi sur la réalité des regards absolument différents. Si l'Amérique et l'Europe mesurent encore les affaires de la planète à l'aune d'une pensée normative, fondée sur la croyance en des valeurs universelles, la Chine et l'Inde, mais aussi, dorénavant, la Russie post-communiste, semblent beaucoup moins intéressées par le monde tel qu'il devrait être que par leurs propres positions dans le jeu des puissances. Le pétrole et le gaz russes, ainsi que la richesse qu'ils confèrent, n'ont pas vocation à l'amélioration de la vie sur terre ; s'ils ont une mission, c'est celle de redonner à la Russie son prestige et sa légitimité dans le système international.

À l'évidence, la Chine s'est inspirée de la réussite de Singapour avec pragmatisme. La Cité-État à la pointe de la péninsule Malaise, où fusionnent valeurs confucéennes et despotisme éclairé à la manière du XVIIIe siècle européen, a joué un rôle majeur dans l'évolution de la Chine moderne. Lorsqu'en février 1978 le nouveau maître de Pékin, Deng Xiaoping, fait halte à Singapour à l'occasion d'une visite diplomatique, il ne reconnaît plus le « trou infesté de moustiques » qu'il n'avait pas revu depuis les années vingt. Dix ans après son indépendance, Singapour était déjà une cité prospère, qui avait embrassé le capitalisme sous la férule éclairée de Lee Kuan Yew. Une fois affranchis de leur conception trop étroite de l'économie, prédisait ce dernier à Deng, les héritiers communistes des mandarins de l'empire du Milieu parviendraient à faire beaucoup mieux encore que les descendants de paysans pauvres du Sud de la Chine.

Cette approche pragmatique a porté ses fruits au pays de Mao. Des progrès économiques remarquables ont été réalisés, sans la démocratie, sans même que s'y développe l'État de droit.

Au même moment, la démocratie a connu dans le reste du monde une dangereuse dévaluation, suite à l'usage inflationniste qu'en a fait l'administration Bush dans sa tentative de justifier les ambitions géopolitiques des États-Unis. Le contraste entre l'idéal et la réalité des pratiques démocratiques dans de trop nombreux pays occidentaux et non occidentaux explique en partie le transfert de puissance de l'Amérique à l'Asie évoqué plus haut.

Que les démocraties perdent foi dans leur modèle et que les régimes autocratiques soient confortés dans leurs pratiques par un alliage de forte croissance économique et de stabilité politique, le monde occidental en sera la première victime. Car sa qualité démocratique ne compense plus désormais son manque de performances économiques. Il y a moins de vingt ans, au lendemain de la chute du mur de Berlin, l'Occident profitait encore pleinement de la supériorité accordée à ses valeurs, que ne parvenaient pas à éclipser les performances économiques discutables de certains pays, comme l'Allemagne récemment réunifiée.

Peut-être doit-on attribuer le retour des émotions au fait que l'Occident ne puisse plus compter ni sur ses « valeurs » ni sur son « économie », qu'il réagisse désormais avec une certaine amertume et désire protéger son univers ouvert – l'un de ses biens les plus précieux – contre des forces hostiles.

Pourquoi le monde global d'aujourd'hui est-il devenu ce terrain fertile où fleurissent, quand elles n'y explosent pas, les émotions ? En premier lieu parce que la mondialisation crée de l'insécurité et fait surgir la question de l'identité. Dans un monde sans frontières et en perpétuel changement, qui sommes-nous ? Qui suis-je ? L'identité est intimement liée à la confiance, et celle-ci – ou son absence – s'exprime par les émotions, par l'espoir, l'humiliation ou la peur.

On peut définir la mondialisation par l'intégration des activités économiques au travers des frontières, au moyen des marchés. Les forces conductrices en sont les changements technologiques et politiques, au sens large, qui réduisent les coûts des transports et des communications et encouragent une plus grande confiance dans les performances du marché. Mais cette libre circulation des biens dans la sphère économique, magistralement analysée par Martin Wolf[5], implique aussi celle des émotions dans la sphère politique. Émotions qu'on peut qualifier de positives pour certaines – l'ambition, la curiosité, la soif d'exprimer sa personnalité –, mais aussi de négatives ou de mauvaises pour d'autres – passions furieuses qui conduisent à la haine entre nations, religions et groupes ethniques. Ainsi le terrorisme est-il devenu la face tragique et sombre de la mondialisation.

Je ne veux nullement signifier que le terrorisme soit un résultat direct de la mondialisation. Les terroristes ont toujours traversé les frontières pour atteindre leurs objectifs (notamment dans l'Europe du XIXe siècle), et Al-Qaida prend sa source dans la situation politique très particulière du Moyen-Orient. La nouveauté tient ici aux conséquences de la révolution des transports et des communications sur la stratégie et les tactiques des terroristes – les médias (dont l'Internet) offrant une caisse de résonance à leur message. Les nouvelles technologies ont créé un monde où, pour paraphraser le mot de

Churchill, « jamais si peu d'hommes n'ont été capables de faire tant de mal à tant de gens[6] ».

Depuis que l'Occident a perdu le monopole des médias, événements et conflits peuvent être rapportés sous une multiplicité de points de vue. Ainsi lors de l'invasion du Liban par Israël, l'été 2006, les chaînes télévisées Al-Jazira et CBS ont-elles montré deux guerres différentes. Dans le monde d'aujourd'hui, chacun accède non seulement à une information « en continu » mais aux émotions dévoilées en direct. Dès lors que les séries télévisées américaines atteignent les points les plus reculés du globe et sont presque devenues des cadres de référence universels, les pauvres savent comment vivent les riches, qui en deviennent plus riches, mais aussi plus vulnérables, notamment parce qu'ils peuvent de moins en moins ignorer les pauvres de cette planète, dont la colère est retransmise, tous les soirs, aux informations. Pauvres innombrables à risquer leur vie en traversant les mers, en franchissant les barrières qui les séparent du monde des riches. Pauvres qui, restés au pays, développent une haine inextinguible envers ceux, plus favorisés, qui ignorent délibérément leur sort. Après le 11 Septembre, l'un des frères des pirates d'Al-Qaida fut interviewé par la télévision française. Il donne de celui avec qui il partagea son enfance l'effrayant portrait d'un jeune homme « qui voulait réussir au sommet de Wall Street ou alors réduire en cendres un monde qui ne lui aurait pas laissé sa place ».

Si les pauvres ne sont plus tenus dans l'ignorance du monde des riches, ceux-ci ont perdu le privilège du déni.

Ils peuvent toujours ignorer les tragédies du monde, mais c'est un choix qu'ils doivent dorénavant effectuer consciemment, à leur propre péril. « Ne pas agir, c'est encore agir », disait Jean-Paul Sartre. Aujourd'hui, ne pas intervenir pour soulager les souffrances du monde, c'est d'une certaine manière y contribuer.

Ainsi la mondialisation a-t-elle créé un processus universel d'« évaluation/comparaison », qui rend l'Occident plus vulnérable. Le contraste avec la guerre froide est patent : la menace omniprésente d'annihilation nucléaire était à la fois moins diffuse et plus visible, rétrospectivement mieux gérable du point de vue émotionnel et même « rassurante ». Lorsque l'Est et l'Ouest s'affrontaient l'un l'autre de part et d'autre d'un mur métaphorique – qui s'était matérialisé, bien sûr, à Berlin –, l'ennemi était singulier, facile à identifier ; il laissait prise à l'analyse, comprenait la dissuasion et pouvait être amené à négocier. Tout cela a changé, et l'ennemi ne vient pas uniquement d'un autre univers culturel et religieux, mais d'un autre « âge », aux références prémodernes. La privatisation de la violence par le terrorisme ; l'accroissement du nombre des conflits intérieurs comparé à celui des conflits extérieurs (guerres civiles plutôt qu'affrontements internationaux) ; la nature invisible des menaces terroristes et la multiplication des menaces non politiques, tels les pandémies planétaires et le changement climatique : tous ces facteurs concourent à créer un sentiment d'insécurité, de vulnérabilité, de peur. Aujourd'hui, l'appréhension des Occidentaux tient en une question : quel genre de monde nos enfants recevront-ils en héritage ? L'association d'une poussée démographique spectaculaire – neuf milliards d'êtres humains en 2050 selon les projections – et d'une raréfaction de l'énergie et des denrées ne conduira-t-elle pas à des tensions planétaires extrêmes, voire à des guerres de survie ?

Si le XXe siècle fut tout à la fois le siècle de l'Amérique et celui de l'idéologie, tout porte à croire – j'en suis pour ma part convaincu – que le XXIe siècle sera celui de l'Asie et de l'identité. Or les glissements parallèles de l'idéologie vers l'identité et de l'Occident vers l'Orient donnent aux émotions une importance plus grande que jamais dans la façon dont nous voyons le monde.

Le XXe siècle, dans l'atmosphère idéologique qui le caractérisait, définissait le monde à l'aide de modèles politiques en opposition : socialisme, fascisme et capitalisme. Aujourd'hui, l'idéologie fait place à la lutte pour l'identité. À l'âge de la mondialisation, à l'heure de la connexion universelle, l'affirmation de sa propre individualité devient un enjeu essentiel : « Je suis unique, je suis différent – et s'il le faut, je suis capable de me battre jusqu'à ce que tu reconnaisses mon existence. » Un Slovaque n'est pas un Tchèque, pas plus qu'un Monténégrin n'est un Serbe. Dans un monde dominé par l'identité, nous sommes moins définis par nos croyances politiques et nos idées que par la perception de notre essence – par la confiance que nous gagnent nos succès et par le respect qu'ils nous valent – ou bien par l'absence de l'une comme de l'autre qui sanctionne nos échecs.

Dans cette perception de notre essence, les émotions entrent en jeu, aussi bien dans le regard que nous portons sur les autres que dans celui qu'ils portent sur nous. Elles sont en même temps l'image dans le miroir et l'œil de celui qui regarde. Elles sont réciproques, comme l'illustre éloquemment l'exemple de ces femmes musulmanes éduquées. Celles-ci choisissent de porter le voile en Occident, pour y mettre au jour une cascade d'émotions séculaires touchant aux motifs qui les animent et à leur identité. On ne craint pas abstraitement, on craint quelqu'un ; de même, on est toujours humilié par quelqu'un, et lorsqu'on espère, enfin, on est inspiré par le succès de quelqu'un d'autre. Et ces émotions sont une clé qui permet de décrypter un monde dominé par la question de l'identité.

Ainsi la peur, l'humiliation et l'espoir peuvent-elles être considérées comme des composantes naturelles et vitales de l'être humain, au même titre que les trois principaux éléments du sang, les globules rouges, les globules blancs et le plasma, dont l'équilibre conditionne notre santé. Il en va ainsi de la « santé du monde », de son « équilibre ». Trop de peur, trop d'humiliation, pas assez d'espoir, c'est la plus dangereuse de toutes les combinaisons possibles, celle qui mènerait à la plus grande instabilité, à la plus forte tension. Un élément de peur est nécessaire. Pour notre survie. Quant à l'espoir, il allume et alimente le moteur de la vie. Les deux passions qui inquiétaient le plus Baruch Spinoza, dans la Hollande du siècle d'or, étaient l'espoir et la peur, car l'une comme l'autre ressortissent à une incertitude quant aux fruits du futur. Même l'humiliation, en doses infinitésimales, peut être stimulante, lorsqu'elle vient d'un camarade qui a de meilleurs résultats sportifs ou scolaires, ou d'un pays ami qui « réussit » mieux, et qu'il est possible de rattraper. Sinon, sans l'espoir, l'humiliation est le pire des maux.

Vers une carte des émotions

Nous sommes tous d'accord pour accorder aux émotions un rôle déterminant dans le comportement humain, et nous concéderons volontiers que, dans le monde global, les conflits nés de questions identitaires ne sont pas sans conséquences sur la géopolitique. Mais, entre celles-ci et les émotions, quel lien concret, spécifique, nous faut-il établir ? Peut-on aller au-delà des généralisations et observer de véritables modèles de comportement qui nous aideraient à comprendre la mondialisation ?

Je le crois. Et l'un des meilleurs moyens de découvrir ces modèles est de dresser une carte des émotions à l'échelle globale. Une telle entreprise nous demandera de réunir des éléments très divers : enquêtes d'opinion, discours d'hommes et de femmes politiques, qui révèlent la façon dont les gens eux-mêmes peignent et décrivent leur présent et leur avenir ; mais nous y mêlerons aussi des productions culturelles, des films, des pièces de théâtres, des livres... Je demeure convaincu que la subjectivité peut être considérée d'un point de vue sinon « scientifique », du moins objectif. L'architecture, qui traduit la manière dont une société se projette dans l'espace à un moment donné de son histoire, offre ainsi un élément concret, particulièrement utile lorsqu'il s'agit d'apprécier objectivement le subjectif.

Nous sommes évidemment plus habitués à cartographier les ressources ou les intérêts. Il fut un temps, effectivement, où la géopolitique, *stricto sensu*, se fondait sur la croyance absolue dans le déterminisme géographique : elle exprimait la conviction que le comportement des nations et des empires était dicté par leur situation physique à la surface du globe. Une puissance maritime comme la Grande-Bretagne se comportait donc différemment d'une puissance continentale, telle que la Russie. Certains géopoliticiens influents de la fin du XIXᵉ siècle, notamment sir Halford Mackinder, exagérèrent cette notion jusqu'à l'outrance, ainsi que l'a démontré Raymond Aron dans son maître livre *Paix et guerre entre les nations*, paru en 1962[7]. Dans ses pires manifestations, lorsque ses idées influencèrent l'idéologie de l'« espace vital », le *Lebensraum* d'un Hitler, la pensée géopolitique contribua même à l'entreprise de destruction de l'Europe que fut la Seconde Guerre mondiale.

Aujourd'hui, si la plupart des spécialistes reconnaissent un rôle à la géographie, elle a perdu sa suprématie ; elle n'est plus le facteur nécessaire et suffisant d'autrefois. Dans la France du XVIᵉ siècle, le philosophe Jean Bodin avait développé une théorie des climats[8] qui, aujourd'hui encore, reste utile. Les régimes politiques, effectivement, sont toujours influencés, en partie du moins, par des considérations géographiques et climatiques. Ainsi l'éthique protestante fonctionne mieux dans les pays froids que sous des climats chauds et humides. Mais Singapour, où l'humidité et la morale du travail font bon ménage, apparaît ici comme un parfait contre-exemple. Le déterminisme géographique, à l'instar de tous les autres déterminismes, ne parvient tout simplement pas à traduire les réalités complexes du comportement humain.

Lorsqu'il nous faudra appliquer au monde des émotions l'idée apparemment évidente d'une influence de la géographie sur le comportement, nous prendrons donc garde d'éviter la simplification excessive et le déterminisme rigide qui sont les deux écueils de ce genre d'approche. En revanche, si nous n'intégrons pas les émotions à notre analyse du monde, nous risquons d'ignorer un aspect fondamental de la vie politique.

Il est par exemple impossible de saisir le conflit israélo-palestinien sans comprendre sa dimension émotionnelle. Chacun y combat pour la terre, la sécurité, la prospérité et la souveraineté, mais cette lutte est chargée d'émotions. Un membre éminent de l'élite palestinienne – comment ne pas m'en souvenir ? – me décrivit en ces termes ce que ressentait son peuple : « C'est comme si tu marchais dans les rues de la ville où tu es né et que tout à coup, au-dessus de ta tête, s'ouvrait une fenêtre et qu'on jetait par cette fenêtre un corps humain qui, avant d'atteindre le sol, t'écrasait toi aussi. » L'infortuné passant est bien sûr le Palestinien ; c'est l'Européen qui commet la défenestration, et sa victime est le juif israélien, qui devient à son tour l'oppresseur du Palestinien. Les enfants des survivants de la Shoah auront certainement du mal à accepter cette interprétation. Mais ils doivent la considérer s'ils veulent comprendre la nature du conflit et s'efforcer de le résoudre.

Comment réconcilier deux peuples dont le paysage émotionnel est si différent ? Lorsque ce qui marque pour l'un le miracle de sa renaissance signifie pour l'autre la *Naqbah*, la catastrophe de sa défaite et l'oppression ? Si leur État est pour les Israéliens la manifestation nécessaire et légitime de leur nation, il est pour les Arabes la démonstration anachronique de l'impérialisme occidental.

Je considère le conflit israélo-palestinien non seulement comme la « matrice des relations internationales », mais aussi comme la rencontre archétypique entre deux des émotions primaires que je décris dans ce livre : l'humiliation et la peur. Une nation est née d'une tragédie unique et absolue ; un peuple a été écrasé, opprimé par une victime que l'immensité de ses blessures, physiques et psychologiques, avait rendue aveugle à la souffrance des autres. Où trouver plus de passions et d'émotions que dans cette rencontre tragique nouée sur la scène d'un monde encore dominé par la double culpabilité de l'Europe, tiraillée entre la mémoire de l'antisémitisme et celle du colonialisme ?

À rester sans solution, le conflit israélo-palestinien pourrait bien devenir l'épitomé des relations entre l'Occident et le monde arabo-musulman. Si nous ne parvenons pas à sortir avec succès du cercle vicieux créé par cette rencontre de l'humiliation et de la peur, qui s'étend désormais au monde entier dans la confrontation avec les fondamentalistes musulmans, nous nous condamnons à un inexorable déclin : nous quitterons le centre de l'histoire pour aller errer dans ses marges.

Où donc est l'espoir ? Je l'ai rencontré en Asie, où m'ont porté différents voyages, d'où je revenais chaque fois convaincu – notamment de Mumbai et de

Singapour – que l'écart d'humeur entre l'Orient et le reste du monde était non seulement important mais croissant. Lors du forum économique mondial de Davos, en janvier 2008, le contraste entre les mines renfrognées, lugubres, des représentants occidentaux et l'énergie, la confiance dont témoignaient les Asiatiques était frappant, même si la légèreté de ces derniers était un peu « surjouée ». La crise financière mondiale, en s'aggravant, a commencé à les toucher eux aussi, bien que leur capacité à rebondir soit probablement plus importante. Pourtant, l'antienne d'hier – « Lorsque l'Amérique éternue, le monde entier attrape froid », semble avoir cédé la place à un nouveau refrain : « Quand l'Amérique attrape une pneumonie, la Chine et l'Inde ne font qu'éternuer. »

Émotions contre civilisations

Certains observateurs ont affirmé que les conflits entre les nations trouvaient aujourd'hui leur meilleure explication non pas dans les émotions, mais dans la lutte que se livraient des modèles culturels plus vastes et plus profonds. De cette croyance, Samuel Huntington fut l'une des voix les plus marquantes, dans son célèbre livre de 1993, où il proclamait qu'un « choc des civilisations » était sur le point de dominer le jeu politique mondial, où la culture, autant que l'intérêt national et l'idéologie politique, deviendrait une ligne de fracture géopolitique. Il offrait une vision cyclique de l'histoire, partant des religions et aboutissant aux civilisations, après être passée du choc entre les États aux oppositions entre nations puis entre idéologies.

J'ai toujours nourri de sérieuses réserves à l'encontre de la théorie de Huntington. Je pense que dans sa quête d'un nouvel ennemi capable de recentrer la politique étrangère des États-Unis après la chute de l'Empire soviétique, Huntington a dangereusement confondu les notions de culture et de culture *politique*. Ceux qui croient en l'universalité des valeurs et des pratiques occidentales, telle la démocratie, ne sont-ils pas nombreux, aussi, en Asie ? Il ne semble pas non plus qu'on puisse déceler le moindre signe d'une alliance entre l'Asie et le monde musulman, contre l'Occident, telle que la prédisait Huntington.

À l'inverse, dans l'arène internationale, la Chine et l'Inde se comportent davantage en puissances satisfaites du *statu quo* qu'en révolutionnaires irresponsables et dangereux. Si l'on peut aujourd'hui parler de révolution, elle est diplomatique et vient du fait que la Chine et l'Inde, paradoxalement, ont largement accepté le monde tel qu'il était ! Les Chinois semblent s'accommoder parfaitement de la situation, tant qu'ils peuvent contenir les voix qui s'élèvent pour défier le *statu quo* impérial (comme ils cherchent à le faire au Tibet), tant qu'ils sont convaincus, également, que la balance de l'évolution de l'économie mondiale penche de leur côté. Dans les années quatre-vingt-dix, on pensait volontiers que le passé de l'Europe serait le futur de l'Asie, que la compétition militaire et l'insécurité se déplaceraient de l'Europe de l'Ouest vers l'Asie de l'Est. La réalité n'a pas confirmé ces hypothèses. Mais c'est à elles qu'il faut imputer le désir des Occidentaux de voir les puissances asiatiques, réputées ne pas adhérer à l'impératif « Jamais plus ! », sceller leur réconciliation historique. Ce n'est pas la guerre qui s'est déplacée de l'Ouest vers l'Est, c'est la croissance économique !

Les véritables révolutionnaires sont les deux anciens rivaux de la guerre froide : l'Amérique de George W. Bush et la Russie de Poutine et Medvedev. Leur nature révolutionnaire n'est pas simplement déterminée par des facteurs impérialistes ou idéologiques comme autrefois, ni culturels comme le voudraient certains, mais émotionnels, même si la Russie est impérialiste dans le Caucase et les États-Unis sont idéologiques sur l'Irak : la Russie, qui en manquait cruellement, connaît un regain de confiance en soi, tandis que l'Amérique, qui croyait dur comme fer en la puissance universelle de son idéal démocratique et en sa suprématie militaire, éprouve ce qu'on pourrait diagnostiquer comme une profonde crise d'identité. Lorsque l'une, au nom de la démocratie, bouleverse le *statu quo* au Moyen-Orient et que l'autre, tentant de rétablir son « rang impérial », change profondément la donne au Caucase, Amérique et Russie se ressemblent certainement beaucoup plus qu'elles n'ont tendance à l'admettre.

Ainsi, en concentrant mon attention sur les émotions ne fais-je qu'accentuer une réalité nouvelle qu'on peut résumer en des termes très simples : *à l'ère de la mondialisation, la relation à l'Autre est plus que jamais fondamentale*.

Dans l'Europe classique des XVIIe et XVIIIe siècles, les « Autres absolus » étaient rares ; ils accédèrent au rang de curiosité, tels ces pièces ou ces animaux exotiques, collectionnés et montrés, matière à maints commentaires. Avec la révolution des transports, ils se multiplièrent et furent enrôlés dans nos aventures économiques et militaires, dont ils devinrent un élément important ; les empires coloniaux en vinrent à jouer un grand rôle dans les rivalités européennes. Nous nous étions donné beaucoup de mal à « civiliser » ces Autres, et le temps était venu de les utiliser directement pour notre propre bénéfice. Qu'on songe aux tombes des Nord-Africains ou des Noirs d'Afrique tombés sur les champs de bataille du nord et de l'est de la France durant la Première Guerre mondiale.

Mais cessant d'être une rareté ou une curiosité, ces Autres perdirent en même temps, au cours du XIXe siècle et même de la première moitié du XXe siècle, leur caractère « absolu », et ainsi leur remise en question de nos propres identités, de nos modèles sociaux et politiques. Au temps de la guerre froide, les Autres absolus venaient, pour les Occidentaux, du monde communiste : en termes intellectuels et culturels, l'Est était « l'envers de l'Ouest ». Aujourd'hui, à l'ère globale, les « Autres absolus » ne viennent pas seulement d'une autre culture, non occidentale, mais pour ainsi dire d'un autre siècle, et ils mêlent à une conception plus tribale du monde, qui n'est pas sans rappeler notre propre Moyen Âge, les instruments technologiques du présent.

En outre, les Autres ne se contentent pas d'évoquer notre passé, fait de guerres et d'intolérance religieuse. Ils peuvent aussi incarner le futur, alors qu'hier encore, les non-Occidentaux ne pouvaient réussir qu'à condition de suivre le modèle occidental et n'auraient couru qu'à leur ruine en défendant leurs traditions.

Avec l'essor du défi asiatique et de la menace fondamentaliste, l'Occident doit aujourd'hui se poser de vraies questions concernant son identité. À l'ère de la mondialisation, la relation à l'Autre est devenue à ce point centrale qu'elle nous oblige à redéfinir ce qui fait notre essence. Qui sommes-nous ? Quelle est notre particularité ? Où réside notre différence ? Pour un Occidental, habitué à interpréter le monde à l'aide de catégories comme « eux » et « nous », il apparaît beaucoup plus difficile de répondre à ces questions que pour un Chinois ou un Indien, habitués à vivre en permanence dans des mondes parallèles : le leur et celui que divulgue et domine l'Occident. La nature hybride de leur identité semble beaucoup plus profitable que la relative homogénéité que nous trouvons dans le monde occidental. Ils parviennent à demeurer eux-mêmes tout en devenant ce que nous sommes. Et nous nous sentons d'autant plus contestés, dans notre identité même, voire déstabilisés, que nous avons tendance, aujourd'hui encore, à nous penser au centre du monde. La plupart de mes amis asiatiques sont passés par les meilleures universités occidentales. Ils ont de nous-mêmes et de notre culture une connaissance intime. Ils savent, pour parler ainsi, ce qui nous motive et nous fait courir, tandis que la « part asiatique » de leur personnalité reste, en grande partie, un mystère pour nous. Les connaisseurs de l'Asie dans le monde occidental sont encore trop peu nombreux, trop souvent cantonnés à leur domaine, que celui-ci soit l'art, l'histoire, la politique ou la langue. Une spécialiste du Japon, extrêmement respectée, enseignant dans une grande université américaine m'a confié autrefois que plus elle connaissait la culture japonaise, moins elle la comprenait réellement.

Émotions contre objectivité : les difficultés d'une carte des émotions

L'utilité des émotions dans la compréhension du conflit global est encore contestée par ceux qui voient là un concept trop intrinsèquement subjectif, une vision « molle », un instrument trop difficile à définir pour qu'on puisse réellement lui faire dire quelque chose. Cette attitude coïncide avec l'actuelle tendance à la scientificité, pour ne pas dire au positivisme, manifestée dans les milieux académiques, et particulièrement dans le domaine des relations internationales.

Cette attitude est à certains égards séduisante : plus le monde devient complexe, plus forte est la tentation d'analyser le système international à travers un prisme scientifique ou pseudo-scientifique, paré des vertus de la distanciation. On peut, d'un point de vue éthique, comprendre le refus de se laisser dicter ses analyses par les « contingences politiques » : vous ne voulez pas que votre jugement soit « corrompu » par un rapport forcément trop étroit avec les réalités quotidiennes, telle la guerre d'Irak. Mais ce genre d'approche court le risque de perdre toute pertinence dans l'analyse du monde réel. Les théories privilégiant l'analyse quantitative, très en vogue aujourd'hui dans les départements de relations internationales d'un grand nombre d'universités, parmi les plus prestigieuses au monde, offrent sans doute par leur abstraction même un certain confort, mais leur refus d'aborder les grandes questions a-t-il un sens ? À ce dilemme, les étudiants apportent assez souvent une réponse, avec leurs pieds : ils désertent les cours où prévaut la froideur quantitative.

Le fait est que les réalités « molles », subjectives, sont essentielles à la compréhension des enjeux géopolitiques, même au niveau le plus fruste.

Observons une carte physique, comme on dit en géographie. Elle est indéniablement objective, rassurante. Les plaines sont en vert, les montagnes en marron, les océans en bleu. Bien sûr, la nature change parfois plus brutalement que les réalités politiques. Après un tsunami ou un tremblement de terre, les lignes de couleur d'une carte physique peuvent être radicalement bouleversées, et le bleu, par exemple, se tailler une place où régnait autrefois le vert, voire le marron. Le réchauffement de la planète, selon toute probabilité, accélérera le rythme de ces changements naturels ; aux abords du Groënland, de nouvelles îles se sont formées, qui étaient autrefois rattachées à la grande.

Par contraste, les cartes économiques et politiques ne sont pas les portraits objectifs de réalités naturelles, mais des constructions subjectives, au point d'être bien souvent instrumentalisées par les gouvernements. Israël ne figure pas sur la plupart des cartes arabes. Sa réalité a été tout bonnement effacée, comme l'étaient les opposants sur les photographies retouchées du régime soviétique au temps de Staline. Sur les cartes israéliennes, en revanche, la Cisjordanie est nommée Judée-Samarie. Chypre est montrée coupée en deux sur les cartes turques, mais est toujours unie sur les cartes grecques. Le Golfe est « arabique » pour l'Arabie saoudite et « persique » pour l'Iran. On pourrait multiplier les exemples.

Certes, les données démographiques et épidémiologiques, tout comme celles concernant les ressources énergétiques peuvent être traitées d'une façon plus objective, voire scientifique, mais ce n'est pas toujours le cas. Même les chiffres peuvent être biaisés à des fins politiques. Ainsi de l'évolution démographique des différentes minorités religieuses au Liban ou en Bosnie lors des guerres de Yougoslavie, dans les années quatre-vingt-dix ; ainsi de l'espérance de vie dans l'Union soviétique des années soixante-dix, qui n'était tout bonnement pas divulguée.

La cartographie des régimes politiques est encore plus délicate, voire retorse. Dans l'Europe de l'Ancien Régime, les cartes évoluaient en fonction des guerres et des alliances, successivement conclues puis rompues, au gré du développement ou du rétrécissement des empires. Des nations se formaient ou disparaissaient, comme la Pologne, qui cessa d'exister en tant qu'État indépendant durant plus d'un siècle, de 1795 à 1918, après trois partitions censées apaiser la gourmandise de ses voisins.

Au temps de la guerre froide, les cartes du système international étaient d'une rassurante simplicité. Elles ne changèrent pour ainsi dire pas entre 1945 et 1989. Deux blocs s'affrontaient et le reste du monde formait ce qu'on appelait les pays « non alignés ». Le bloc soviétique était habituellement coloré en rouge, et l'Alliance atlantique, en bleu.

Depuis la fin de la guerre froide, les cartes politiques sont à nouveau difficiles à tracer. Tout d'abord, la disparition de la Yougoslavie, la chute de l'Empire soviétique et la reconfiguration pacifique de pays comme la Tchécoslovaquie et l'Allemagne ont donné lieu à une multiplication ou une simplification des États en Europe et en Asie centrale. Ensuite, les critères de sélection des couleurs sont devenus plus difficiles à définir. Où doit-on placer la Russie, qui n'est plus désormais l'Union soviétique ? En Europe – ce qui est probablement pertinent du point de vue culturel – ou bien en Asie – ce qui l'est tout autant du point de vue de la culture *politique* russe, si souvent tentée par le « despotisme oriental » ? Doit-on ne définir les démocraties qu'à la seule aune du processus électoral et de sa régularité, avec le danger de placer dans la même catégorie des démocraties « restrictives », comme l'Iran, et des États de droit constitués de longue date ? Au contraire, confession et religiosité méritent-elles d'être retenues comme critères de classification, ce qui mettrait la Chine et l'Europe dans la même catégorie des pays « laïcs », tandis que les États-Unis, l'Inde et le monde musulman formeraient une sorte de « bloc spirituel et religieux » ? Quelle valeur accorder à une carte des religions quand dans un continent comme l'Europe la pratique du christianisme est en profond déclin à en juger par le nombre des vocations à la prêtrise ou par la fréquentation des églises ?

Même les facteurs « objectifs », si prisés de ceux qui se réclament d'une approche scientifique et positive de l'histoire, sont, au fond, éminemment subjectifs.

Néanmoins, force est de reconnaître qu'une cartographie des émotions n'est pas, loin de là, chose aisée. Si les cartes politiques dans l'acception la plus classique du terme sont de plus en plus difficiles à tracer, n'est-il pas illusoire et dangereux de prétendre dessiner celles des émotions, qui ne sauraient se fonder que sur la subjectivité, la simplification et une vision manichéiste du monde ?

L'idée même d'associer des couleurs – dont la valeur symbolique varie selon les cultures – et des émotions pose problème. L'humiliation doit-elle être en vert, parce que c'est la couleur de l'Islam ou parce que dans le monde occidental on est parfois « vert de jalousie » ? La peur doit-elle figurer en bleu au nom de l'expression bien connue, « une peur bleue » ? où bien en rouge, avec l'espoir en bleu, si l'on pense à la carte électorale des États-Unis et qu'on penche du côté démocrate ? Dans certains pays, le noir est la couleur du deuil, dans d'autres, c'est le blanc.

Il faudrait le génie d'un Turner ou d'un Monet pour décrire les variations subtiles et les nuances de couleurs qui caractérisent le monde des émotions. Et encore, la tâche, dans ce monde contemporain, semblerait-elle irréalisable !

Autre raison venant ajouter à la difficulté d'une cartographie des émotions : la « relativité » croissante de la géographie à l'ère globale. En effet, pour nombre d'entre nous, la géographie n'est plus tant une affaire de situation que de choix. Prenons le cas des Émirats arabes unis, dans le Golfe. Il ne fait aucun doute qu'ils sont situés au Moyen-Orient. Mais d'un point de vue psychologique, économique et émotionnel, ils appartiennent à l'Asie, ayant délibérément rejoint la culture de l'espoir, aidés dans ce cheminement par l'association singulière d'immenses ressources énergétiques et d'un territoire aussi minuscule que leur puissance démographique. Leur modèle, sans aucun doute ni mystère, est Singapour. Dubaï rivalise avec la Malaisie pour la construction des plus hauts gratte-ciel de la planète, qui sont autant de monuments érigés à l'optimisme et, dans un environnement de défiance et de violence, une véritable déclaration de confiance.

Certes, cette culture de l'espoir – partagée par quelques-uns – a un prix : les conditions de vie misérables de ceux dont le travail a permis ce glissement géographique. Mais le sort de ces travailleurs, pour la plupart immigrés, est-il pire que celui des millions de chômeurs qui les entourent ? Au moins sont-ils capables de nourrir leur famille restée au pays. Et certains d'entre eux, notamment les Indiens, peuvent maintenant choisir et commencent à reprendre le chemin de leur terre natale, ce qui pose un problème de main-d'œuvre. Dans l'ensemble, on ne saurait que trop respecter la réussite des Émirats, belle preuve de ce que peut la volonté mais aussi de la compatibilité entre Islam et modernité.

Si l'État d'Israël, par magie et, tels les dieux antiques, par lévitation, pouvait aussi quitter le Moyen-Orient, ce serait sans doute pour la satisfaction d'une majorité de ses citoyens, impatients de rejoindre la sphère de prospérité asiatique, sinon de retourner en Europe, continent où se scella un destin tragique, mais où se cueillirent aussi, durant des siècles, les succès d'une intégration réussie. Je me rappelle encore cette enseignante israélienne, dont la famille était d'origine allemande et qui, au plus fort de la seconde Intifada, tandis que nous marchions dans les rues de Berlin, sortant de son sac son passeport allemand, me déclara, avec une sorte de provocation ironique et triste : « Ce passeport est mon assurance-vie. » De fait, le nombre de citoyens israéliens ayant quitté leur pays pour la République fédérale d'Allemagne a plus que doublé en 2006, atteignant plus de quatre mille personnes ; et d'une manière plus générale, commence à se poser, pour Israël, un véritable problème de « fuite des cerveaux ».

Ce dernier type de glissement géographique, s'il demeure très circonscrit en Israël, atteint des proportions énormes en Palestine et au Liban, sans parler de l'Irak, qui a connu une immense vague migratoire de plus de quatre millions de personnes, la moitié d'entre elles ayant simplement quitté leur pays ravagé par la guerre civile pour tenter de survivre en Jordanie ou en Syrie, le reste ayant été déplacé à l'intérieur des frontières irakiennes.

Cette agitation géographique n'est pas seulement de nature démographique ; elle est aussi émotionnelle. Le Moyen-Orient exporte non seulement ses populations mais aussi ses passions. L'« asiatisation » des pays du Golfe a pour contrepartie l'« arabisation » de l'Islam asiatique, depuis l'Inde jusqu'à la Thaïlande. Les émotions radicales dont l'origine peut être attribuée au

Moyen-Orient se sont progressivement développées ces quinze dernières années dans toute l'Asie musulmane. Peut-on être un bon musulman si l'on ne ressent pas ce que ressent un Arabe, si l'on ne se comporte pas comme lui, si l'on ne partage le même souci du sort des Palestiniens et la résistance de ceux qui « professent la vraie foi » contre les impérialistes sionistes et américains ? De l'Algérie à l'Arabie saoudite, les groupes terroristes sont financés par des « bonnes œuvres » dont une partie des fonds est collectée en Asie, et les minorités musulmanes d'Inde et de Thaïlande sont devenues plus intolérantes sous l'effet d'une « arabisation » des émotions et des identifications culturelles. Au milieu des années quatre-vingt-dix, des enquêtes sérieuses ont remonté les flux financiers alimentant les réseaux terroristes du GIA algérien jusqu'à des sources asiatiques, qui en représentaient une part non négligeable. De Singapour à la Chine, de l'Inde à la Malaisie, cette « radicalisation » de l'Islam constitue un vrai problème. Au Pakistan, associée à la fragilité du système politique en place, elle est, plus qu'ailleurs, préoccupante ; le pays devient non seulement le sanctuaire des « rebelles afghans », mais les « zones de non-droit » s'y étendent rapidement, ce qui rend plus inquiétant encore le fait qu'il possède l'arme nucléaire.

Certes, le fondamentalisme musulman en Asie n'est pas seulement imputable à l'arabisation des émotions de la rue musulmane. C'est aussi une création propre à l'Asie du Sud. Pays essentiellement fondé sur la religion – le seul autre exemple au monde est Israël – le Pakistan est devenu l'épicentre de l'islamisme. Al-Qaida a très tôt implanté des réseaux dans cette partie du monde. Ce double processus d'islamisation (voire de djihadisation), dont une part a un terreau asiatique, dont l'autre est importée du Moyen-Orient, toutes deux se renforçant mutuellement, forme une bombe à retardement, prête à exploser d'un moment à l'autre. Une situation que le gouvernement malais, désireux de tourner la page des années Mahatir, ce Premier ministre longtemps inamovible qui n'hésita ni à courtiser l'islamisme ni à tenir des propos ouvertement antisémites, reconnaît aujourd'hui et qu'il tente de désamorcer, espérant redorer – malheureusement sans grand succès – son image internationale.

Mais le glissement vers ce puits sans fond que peut parfois représenter le Moyen-Orient ne se limite pas à l'Asie. Il atteint l'Occident, et tout particulièrement le continent européen. Les médecins indiens impliqués dans les attentats ratés de Londres et de Glasgow, l'été 2007, après les attaques tragiques de Madrid, le 11 mars 2004, et de Londres, le 7 juillet 2005, en sont une illustration éloquente. L'existence de ce réseau opérant en Grande-Bretagne mais dont les racines sont indiennes prouve que l'Inde elle-même n'est pas vaccinée contre le fondamentalisme, et plus généralement que la démocratie n'est pas une protection efficace contre les tentations extrémistes de minorités en colère et déterminées.

Cependant, c'est une chose de reconnaître ce phénomène, une autre de ne voir le monde qu'au travers de ce seul prisme. Il n'est pas raisonnable d'opposer à la complexité tragique de la planète des généralisations excessives et des réponses simplistes. Ce qui rend si difficile une cartographie des émotions, ce n'est pas tant l'existence d'influences réciproques et de violents contre-courants que la présence toujours conjointe, mais en des proportions variables, de la peur, de l'humiliation et de l'espoir, selon le continent, les régions, les pays et surtout la période. En d'autres termes, on trouve en Europe des « poches » d'Asie qui côtoient des « poches » de Moyen-Orient, les unes à l'influence positive, les autres potentiellement dangereuses.

Un pays comme l'Estonie, qui a été particulièrement affecté par la crise financière, était jusqu'en 2007 l'un des plus dynamiques d'Europe, avec une croissance annuelle du PIB supérieure à 10 %, était plus proche de l'Asie en termes de performance économique que du reste de l'Europe. En fait, c'est une bonne partie de l'Europe du Nord, au-delà des républiques baltes, qu'on pouvait ancrer dans une culture de l'espoir plutôt que de la peur. En Amérique du Nord, le doux optimisme et les performances sociales et économiques remarquables d'un pays comme le Canada ont plus à voir avec l'espoir des nouveaux Asiatiques qu'avec l'angoisse de leur puissant voisin, les États-Unis. D'un autre côté, proclamer que l'Asie est le continent de l'espoir, alors que la proportion du sous-prolétariat dans la population y est la plus élevée du monde, alors qu'on voit l'instabilité s'y propager, la violence politique s'y étendre de l'Afghanistan au Pakistan, voire au Tibet, sans parler de la violence des éléments au Bangladesh ou en Indonésie, proclamer donc l'avènement de l'espoir en Asie relève d'une forme de provocation.

Difficulté supplémentaire : des concepts géographiques comme ceux d'Asie, d'Occident ou de

Moyen-Orient sont pour l'essentiel des constructions artificielles. L'Asie est dans une large mesure une catégorie occidentale, sinon une pure invention de l'Occident. Les Japonais ne se perçoivent pas eux-mêmes comme des Asiatiques, et le reste de l'Asie les considère comme des… Japonais. Peuple caméléon, ils peuvent imiter en tout point l'Occident tout en continuant probablement d'incarner la culture la plus impénétrable à un esprit occidental. L'Inde peut être à bien des égards considérée comme une zone intermédiaire, entre l'Europe et la Chine, entre le bouddhisme et l'islam, même si elle influence la Chine plus que celle-ci ne l'inspire. Et que dire de la Chine, qui se perçoit elle-même comme un centre de civilisation – sinon *le* centre de *la* civilisation – et non pas comme partie d'un plus vaste ensemble ?

La notion d'Occident elle-même est devenue largement artificielle, surtout lorsqu'on la considère depuis ce qu'elle est censée représenter. Ne devrions-nous pas en réalité parler de deux Occidents ? L'un dominé par les Américains, l'autre dirigé par les Européens ? Qui courent le risque de s'éloigner chaque jour davantage l'un de l'autre, plus encore sur le plan culturel que politique ?

Le Moyen-Orient peut voir s'élargir ses ramifications, depuis l'Algérie, la Tunisie, le Maroc, à l'ouest, jusqu'au Pakistan et à l'Afghanistan à l'est, mais c'est aussi, plus que jamais, une réalité extrêmement divisée. Les Iraniens n'ont rien à voir avec les Arabes ou avec les Turcs. La Turquie est indubitablement asiatique dans sa géographie actuelle, mais ses élites, principalement perçues comme des musulmans asiatiques par une majorité d'Européens, se proclament elles-mêmes européennes et veulent rejoindre l'Union.

La façon dont on se perçoit ne fait pas nécessairement réalité. Le sport, à l'ère globale, est devenu un puissant révélateur de ce dilemme. Dans les sports de compétition, au football ou au basket-ball, Israël fait partie de l'Europe, ce qui n'est pas pour déplaire aux Israéliens, mais ne facilite guère leur intégration régionale, pas plus que cette appartenance sportive n'est vue par la plupart des Européens comme un premier pas vers l'intégration d'Israël au sein de l'Union européenne.

Arguments en faveur d'une cartographie des émotions

Si l'on peut malgré tout tenter d'esquisser une carte des émotions, c'est parce qu'à l'instar des couleurs dominantes dans la peinture, les émotions dominantes existent bel et bien. Et si les touches de gris sont partout, on les trouvera plus claires dans l'Asie qui réussit, plus sombres dans le monde occidental et virant au noir en certaines parties du Moyen-Orient. Malgré mes précautions liminaires, les émotions peuvent, d'une façon ou d'une autre, être assez clairement cartographiées. C'est la tâche des gouvernements d'étudier celles de leurs peuples respectifs, de compter sur elles lorsqu'elles sont positives, de tenter d'en inverser le cours ou de le contenir lorsqu'elles sont négatives. Comme les saisons, les émotions sont cycliques. Et leurs cycles peuvent être longs ou courts, selon la culture ou les événements qui leur servent de contexte. Dans notre monde moderne, une grande victoire sportive peut créer un sentiment d'euphorie collective, dont l'espérance de vie est habituellement assez courte, mais qui n'en n'a pas moins des conséquences immédiates importantes sur l'activité économique et la vie politique du pays en question. En France, lorsque les Bleus remportèrent la Coupe du monde de football en 1998, la confiance s'envola – d'aucuns diront artificiellement. Les Chinois ont compté sur les jeux Olympiques de Pékin pour confirmer le rang international de leur pays, bien que les Jeux soient le résultat et non la cause de cette confiance qu'ils sont supposés soutenir – tout comme ils ont conforté le nationalisme – « à domicile ».

Les émotions peuvent être le produit de facteurs objectifs et subjectifs. Elles sont par essence universelles, mais elles touchent des entités collectives telles les nations et les peuples, de façons très diverses, reflétant le degré de confiance des sociétés en elles-mêmes, lequel, à son tour, déterminera la capacité de tel ou tel pays ou groupe de pays à rebondir après avoir subi une crise. C'est donc bien en vertu du rôle que jouent les émotions dans la psyché collective des peuples qu'on s'accorde aujourd'hui à considérer la Chine et l'Inde comme mieux armées pour résister à la crise économique actuelle que ne l'est par exemple l'Europe.

Les émotions peuvent être « recréées ». La peur peut céder devant l'espoir. L'élection de Barack Obama à la présidence des États-Unis a rouvert, du moins dans le court terme, un cycle d'émotions positives en Amérique, qui se traduit dans la façon dont les Américains se perçoivent eux-mêmes et sont perçus par le reste du monde.

En revanche, en France, aujourd'hui, travailleurs, industriels, hommes d'affaires, banquiers, tous succombent en même temps au même pessimisme, tandis que le discours politique, dans l'affichage volontariste de son espoir, sonne presque creux.

III

La culture d'espoir

> Si nous faisons de notre mieux et travaillons dur, le futur sera beau. Je viens ici pour construire une nouvelle société. Les gens ont besoin de maisons. Je gagne de l'argent, mais si nous sommes ici, ce n'est pas seulement pour l'argent. Il y a trente ans, la Chine, c'était comme l'Angola. C'était triste, mais maintenant c'est beaucoup plus beau.
>
> Xuebao Ding, travailleur chinois en Angola, cité dans « Les nouveaux colonialistes », article d'Alec Russel paru dans *The Financial Times* daté des 17-18 novembre 2007.

Espérer, c'est être confiant.

Dans le monde occidental, la notion d'espoir a deux connotations. Ainsi peut-on parler d'espoir dans un sens spirituel – il s'assimile alors à la croyance dans le salut de l'humanité par la rédemption des péchés – et dans un sens que nous pourrions qualifier de « pratique » – à savoir la foi de chacun en son identité, sa capacité d'interagir positivement avec le monde. Les propos d'un travailleur chinois en Angola qui fournissent l'exergue de ce chapitre sont une illustration presque parfaite du sens pratique de l'espoir dans une civilisation post-moderne : à l'opposé de la résignation, une forme de foi qui nous pousse vers les autres, qui nous permet d'accepter sans peur leurs différences.

Quelle leçon peut-on tirer du fait que l'espoir se soit déplacé d'Ouest en Est, d'un monde dominé par le christianisme vers un monde majoritairement panthéiste, où le sens pratique semble hégémonique (ainsi en Chine), où la spiritualité a cessé de faire obstacle à la croissance (comme en Inde, sur l'autre versant de l'Orient) ? L'une des meilleures études récentes sur le miracle indien, signée Edward Luce, s'intitule justement *In Spite of the Gods : The Strange Rise of Modern India*[1] (« En dépit des dieux : l'étrange ascension de l'Inde moderne »).

Cet espoir « pratique » existait déjà dans l'Europe des XVIIIe et XIXe siècles, mais le déplacement vers l'Est en a accentué la tonalité. Il ne se fonde pas sur l'attente d'un monde meilleur, sur terre ou dans les cieux ; il incite à mieux faire en ce monde, ici et maintenant. Malgré la croyance traditionnelle en la réincarnation, si puissante en Asie, un nombre croissant d'Indiens se sentent poussés à faire de leur mieux, individuellement et collectivement, lors de leur passage sur cette terre – comme si eux aussi étaient tombés sous l'influence de l'éthique protestante occidentale. L'espoir aujourd'hui concerne l'émancipation économique et sociale, et sa demeure véritable – sa résidence principale – est en Asie. Plus encore. Pour un nombre significatif d'Asiatiques, ce qui compte n'est pas seulement qu'ils cherchent à rattraper l'Occident, mais la certitude où ils sont de pouvoir y parvenir.

L'espoir asiatique

Considérons un instant le *skyline* – la silhouette – de Pudong, le quartier neuf de Shanghai. Avant 1990, à l'endroit où se dressent ces tours orgueilleuses s'étendaient encore des champs. Aujourd'hui, cette explosion d'énergie urbaine offre la sensation visuelle de la modernité, de la confiance, de l'optimisme. Les architectes, chinois pour la plupart, mais comptant quelques Occidentaux, ont reçu carte blanche – dans les limites d'un système politique verrouillé. Leur seule consigne était : « Soyez inventifs, osez, soyez grands, en somme, soyez modernes. » Et à n'en pas douter cette architecture appartient bien au XXIe siècle, pour le meilleur, souvent, pour le pire, parfois.

Le *skyline* de Pudong, le Stade olympique de Pékin n'apparaîtront pas, aux futurs historiens de l'art, comme la dernière convulsion d'un style dépassé. Ils n'ont rien de commun avec l'Opéra de Paris, hommage copié des vestiges de l'Ancien Régime à l'ego infatué d'un Second Empire sur le point de disparaître. On n'y retrouve pas non plus le style lourd et grandiloquent de l'architecture russe sous Vladimir Poutine. C'est quelque chose de neuf, qui célèbre en conscience la jonction de deux chemins vers la modernité, l'occidental et l'asiatique. C'est la preuve visuelle que modernité n'est plus synonyme d'occidentalisation. C'est le signe qu'une autre école de cette modernité est née, en Asie.

Mais passons de l'œuvre architecturale à l'œuvre lyrique. L'opéra *The Monkey Journey to the West*, adapté d'un des plus grands classiques de la littérature chinoise, *Le Voyage en Occident*, fut présenté durant la saison 2007-2008 à Manchester, Paris et Berlin. C'est un mélange détonnant de musique pop à l'occidentale et de deux arts traditionnels chinois, le cirque et la danse. C'est surtout une sorte de synthèse ultime de la modernité, un OVNI de l'ère globale, l'un des nombreux symboles avant-coureurs d'une nouvelle ère culturelle. C'est d'évidence une démonstration de confiance, prouvant à l'Occident que la Chine n'a pas peur de soumettre les joyaux de sa littérature aux traitements les plus modernes, aux influences les plus mêlées. D'un certain point de vue, cette initiative renoue avec la tradition du XVIIIe siècle, lorsque les empereurs se sentaient suffisamment sûrs d'eux-mêmes pour accepter que des artistes chinois peignent et dessinent dans le style des jésuites, c'est-à-dire de l'Occident.

Cette confiance culturelle a pourtant ses limites. Lorsqu'une des actrices chinoises les plus célèbres, Zhang Ziyi, interprète une courtisane japonaise dans le film hollywoodien *Mémoires d'une geisha*, les réactions sont loin d'être toutes positives. On crie à l'avilissement de la Chine et beaucoup reprochent à la jeune femme d'être allée trop loin en acceptant ce rôle dans un film américain.

Dans le monde de la mode, les jeunes designers asiatiques – japonais, chinois et particulièrement indiens –

se sont forgé une réputation qui va croissant. À l'automne 2007, invité pour la première fois à Paris, le styliste indien Manish Arora a ouvert la semaine de la mode avec un défilé où fusionnaient modernité et imagerie populaire indienne : autre illustration du croisement des influences, dans des cultures qui ont acquis ou retrouvé une confiance suffisante pour fusionner avec les autres. En ces matières, Indiens et Chinois n'ont plus besoin d'être sur la défensive (et pour les mêmes raisons n'ont pas à se montrer agressifs) ; il leur suffit d'être eux-mêmes, produit(s) unique(s) des deux rives, la leur et la nôtre. Ils savent ce qu'ils doivent à l'Occident, mais réalisent avec fierté combien leur influence est différemment intégrée.

L'Asie, particulièrement la Chine, se « portait » très bien dans le style rococo du XVIIIe siècle européen ; plus tard, les peintres impressionnistes et les poètes symbolistes furent profondément inspirés par le Japon et ses arts. À l'époque, l'Asie représentait pour l'Europe la poésie, tandis que l'Europe offrait à l'Asie le visage de sa modernité. Le rapport s'est inversé, posant à chacun des deux continents des questions qui n'ont rien de trivial. L'Europe pourrait-elle devenir, aux yeux des Asiatiques, une sorte de musée ? L'Asie perdrait-elle, dans la mondialisation, sa personnalité ?

Un certain équilibre semble s'être instauré dans bien des domaines entre Occident et Asie, ce qui est également nouveau. Il suffit pour s'en convaincre de considérer le champ de la médecine, où les techniques chinoises traditionnelles, comme l'acupuncture, côtoient les pratiques occidentales modernes, et, dans la sphère culturelle, le succès des films de Bollywood en Occident, qui ont relancé le genre de la comédie musicale.

C'est à un homme politique indien du nom de Jairam Ramesh que l'on attribue généralement le terme de « Chininde » (*Chindia*), néologisme surprenant mais utile pour désigner les deux géants démographiques asiatiques[2]. Le concept est ambivalent. D'abord parce que la Chine et l'Inde ne jouent pas dans la même catégorie en termes de poids économique. La Chine est deux fois plus puissante que l'Inde. Pourtant, si l'on compte que leurs « forces vives » forment une population de quelque 350 millions de personnes dans chacun des deux pays, on voit émerger une entité de plus de 700 millions d'êtres humains qui sont effectivement en train de transformer l'ordre économique, voire stratégique, mondial. La Chininde, ce sont ceux-là ; et toute la question est de savoir s'ils constituent une locomotive suffisamment puissante et robuste pour réduire l'inégalité de masse en « tirant » derrière eux les centaines de millions d'hommes et de femmes qui stagnent encore dans la pauvreté.

Depuis vingt-neuf et dix-huit ans, la Chine et l'Inde, respectivement, connaissent une croissance économique annuelle de presque 10 %. La Chininde, c'est aussi l'affirmation de deux civilisations très différentes mais suffisamment fortes et confiantes pour s'ouvrir au monde et mettre à l'épreuve des autres ce qui fait l'essence de leur culture.

Cette confiance, il est vrai, est encore très sélective. Ainsi ne s'étend-elle pas au champ politique en Chine, où les dirigeants, prisonniers d'allégeances contradictoires, au communisme d'une part et au capitalisme de l'autre – probablement intenables, même à court terme –, ne comprennent manifestement pas ce que signifient liberté et démocratie. On ne sent pas plus de confiance dans le contrôle et la gestion de la « police impériale », telle qu'elle s'est illustrée au Tibet lors des émeutes du printemps 2008, traduisant la peur presque panique du pouvoir chinois à l'idée d'affronter, ailleurs, de telles explosions de mécontentement. On assiste en fait à la coexistence de deux courants nationalistes chinois. L'un, défensif, se manifeste au Tibet, d'acquisition pourtant récente : personne ne doit être autorisé à affaiblir l'Empire. Mais il existe aussi un nationalisme positif, rayonnant d'optimisme et de confiance. Selon une enquête d'un institut indépendant américain, le Pew Research Center, les Chinois sont le peuple le plus optimiste de la planète[3].

En Inde aussi la confiance est sélective. Elle ne s'étend pas à un État désorganisé incapable de gérer les inondations catastrophiques de l'été 2008, et encore moins à la classe politique indienne.

La confiance en soi n'est évidemment pas l'apanage des masses pauvres de la Chine et de l'Inde, qui malgré leur nombre ne définissent ni l'humeur ni l'orientation de leur pays, mais qui pourraient un jour, si elles cédaient à leur détresse, faire dérailler la logique de l'espoir.

Tant qu'un sentiment de progrès transcendera le désespoir, la colère et la faim de la majorité pauvre, la culture de l'espoir continuera cependant de dominer en Chininde. Et ailleurs. Cette région de la confiance s'étend aux pays de l'ASEAN (Association des nations de l'Asie du Sud-Est – ANASE, pour l'acronyme français, moins courant), dont la direction incombe pour l'année 2008 à Singapour. Eux aussi, bien que de façon irrégulière et déséquilibrée, progressent. Ils ont surmonté le krach financier de 1998 et affrontent leurs turbulences politiques avec fierté et abnégation : « Nous aussi pouvons le faire, et nous allons vous le montrer. »

Il n'en demeure pas moins que qualifier l'Asie de « continent de l'espoir » semble provocateur, et même simpliste. Cela mérite donc quelques précisions.

Tout d'abord, répétons-le, l'« Asie » est un concept pour l'essentiel occidental. Les « Asiatiques » ne se désignent pas spontanément ainsi – à la différence, par exemple, de la plupart des « Européens ». Ils n'ont pas de religion commune, qui fournisse l'équivalent de la fusion complexe entre Athènes, Rome et Jérusalem, née du syncrétisme chrétien. Ils n'ont pas d'histoire commune. Ni d'ennemi commun – ce que représenta autrefois l'Islam pour les nations chrétiennes d'Europe. Pas plus de références culturelles communes. *Le Voyage en Occident*, roman fantastique chinois du XVIe siècle mentionné plus haut, est un voyage à l'Ouest ; mais cet Ouest chinois n'est pas l'Occident, c'est l'Inde ! Et il n'est sans doute pas totalement insignifiant que le seul musée de la Civilisation asiatique de toute l'Asie se trouve à Singapour, cette Cité-État qui utilise l'anglais comme langue officielle, afin de réunir ses citoyens chinois, malais et indiens[4].

Deuxième point : la culture de l'espoir n'embrasse pas toute l'Asie. Comme nous le verrons, le Japon est pour ainsi dire au-delà, tandis que d'autres pays, du Pakistan aux Philippines, demeurent en deçà.

Le Pakistan, paradoxal et problématique, offre, dans ses élites et sa classe moyenne naissante, quelque chose comme une veine de modernité, et le sens de ce qui serait nécessaire pour dépasser l'usage fondamentaliste de la violence et intégrer le pays à la culture asiatique de l'espoir. Mais le Pakistan n'en est pas moins toujours plus inquiétant, non seulement parce qu'il détient l'arme nucléaire, mais parce qu'il semble au bord de l'implosion politique.

En revanche, la Corée du Nord, qui n'est pas un parangon d'espoir et végète aux mains d'une secte baroque et cynique, semble un peu moins dangereuse aujourd'hui. Quant à la Birmanie, malgré la richesse de ses ressources, elle a été précipitée au bas de l'échelle de la croissance et de la prospérité par une junte militaire corrompue, qui s'obstine dans ses erreurs de gestion ; elle est devenue une sorte d'équivalent asiatique du Zimbabwe de Robert Mugabe. Au printemps 2008, la Birmanie et la Chine durent affronter l'une un cyclone, l'autre un tremblement de terre. Il eût été difficile d'imaginer des attitudes plus dissemblables devant la catastrophe. En termes d'image au moins, le comportement responsable des Chinois contraste avec l'incompétence et la grossièreté de la junte birmane. Il est évident que les Chinois ont vu là, à quelques mois des jeux Olympiques, l'occasion de redorer une réputation ternie par les événements du Tibet. Mais on ne peut que déplorer les tentatives, par l'intimidation ou la corruption, d'étouffer les voix qui se sont élevées de la société civile pour réclamer que la lumière soit faite sur la construction bâclée des écoles dont les ruines ont enseveli des milliers d'enfants. Retour aux vieux réflexes ?

Si l'espoir existe en Birmanie, il est incarné par le Prix Nobel de la paix, l'opposante Aung San Suu Kyi, et par la résistance spirituelle des moines bouddhistes. Le pays est parvenu à s'isoler du monde au-delà, si l'on peut dire, de toutes les attentes, et c'est la raison pour laquelle les sanctions ne devraient pas tant chercher à marginaliser le régime qu'à l'exposer aux réalités internationales et le forcer à sortir du ghetto national.

D'une façon générale, notre définition de l'Asie comme continent de l'espoir, comprenant les Philippines ou l'Indonésie – qualifiées par leurs remarquables progrès économiques –, est à la fois orientée et un peu exagérée ; elle n'en est pas moins fondamentalement juste.

Le retour de l'empire du Milieu

Lorsqu'on parle de l'Asie comme du continent de l'espoir, on pense d'emblée à l'Inde et à la Chine. L'ascension économique parallèle des deux géants démographiques de la planète a marqué les esprits, malgré leurs faiblesses, tout aussi considérables, qui demeurent. Les deux pays ne sont pas pour autant réductibles l'un à l'autre.

« La Chine est de retour », tel était le message explicite d'une exposition organisée sous les auspices du gouvernement chinois à la Royal Academy of Arts, en 2005, à Londres, intitulée *Les Trois Empereurs*[5]. La pièce maîtresse de l'exposition, immense peinture dans le style jésuite du XVIIIe siècle, représentait un défilé d'ambassadeurs européens payant tribut à l'empereur de Chine. On ne pouvait être plus clair : « Vous aussi nous paierez tribut, bientôt. » Dans la Chine d'aujourd'hui, pas d'empereur, bien sûr, mais une bureaucratie énigmatique et moyennement compétente dirigée par Hu Jintao, animée par la fierté de ce que fut hier l'empire du Milieu et la confiance dans ce qu'il est en train de devenir, ou plutôt de redevenir.

En 1985, lors de mon premier voyage en Chine, le monument qu'on tint avant tout à me montrer fut ce qui serait l'énorme barrage des Trois Gorges, sur le Yang Tsé, dont le projet avait été relancé. « Nous avons été le premier peuple de l'histoire à maîtriser l'art des barrages » : c'est sur ces mots que m'accueillit mon guide, membre du service diplomatique. Mais il est bien plus surprenant encore qu'il m'ait fait part de la grande frustration de sa vie. Il se considérait comme un raté, et manqua de s'étrangler de rage en me raccompagnant à mon hôtel de luxe pour étrangers, où ma chambre était plus grande que l'appartement qu'il occupait avec toute sa famille. « J'ai commis une erreur fatale en m'engageant dans la carrière diplomatique, me confessa-t-il ; j'aurais fait un bien meilleur choix en me lançant dans les affaires. »

Je me demande encore ce qui lui est arrivé, s'il a exaucé son rêve capitaliste.

Le contraste entre fierté et frustration dominait mes premières impressions de Chine. La frustration est à sa façon un produit de l'espoir : plus on progresse, plus on demande à la vie, plus on attend d'elle. Aujourd'hui, la Chine est toujours aussi fière, toujours aussi frustrée.

Pour mieux cerner la nature de la psyché chinoise, la comparaison avec la civilisation égyptienne est assez éclairante. Car à la différence de cette dernière, qui fut aussi l'une des plus brillantes et des plus anciennes de l'histoire du monde, la civilisation chinoise est toujours debout, unique et telle qu'en elle-même. Cette continuité est à la fois source de problèmes et de créativité.

Depuis des milliers d'années, la Chine est le pays le plus peuplé sur cette terre. C'est pourquoi la peur du chaos économique et social a toujours tenaillé les dirigeants chinois. Ils ont donc créé un système où les individus sont soumis au « diktat de la logique collective ».

Si la Chine s'est perçue elle-même comme empire du Milieu, ce n'est pas simplement en raison de sa position géographique, c'est aussi parce qu'elle avait la conviction d'être le centre de gravité de l'univers. Contrairement à la Russie, cet immense empire débordant de confiance n'eut pas besoin de s'étendre pour exister. La Grande Muraille en fit un sanctuaire, mais montra aussi qu'il se souciait peu de conquêtes. L'expansion territoriale de la Chine n'est pas tant redevable à la force de ses armes qu'à sa démographie. Elle a récemment encouragé de vastes implantations de populations Han au Tibet et au Xinjiang, où elle craint l'agitation pro-turque et pro-islamiste. Mais elle joue aussi la carte démographique en Asie centrale, où, si l'on en croit le professeur Harry G. Gelber, citant des estimations non officielles, il y avait déjà en 2004 trois cent mille Chinois, principalement des commerçants, installés au seul Kazakhstan[6]. En revanche, leur nombre, croissance économique aidant, semble diminuer en Sibérie. Il est plus facile désormais de trouver du travail « à la maison ».

La carte démographique permet également de jouer sur un autre tableau, moins défini, celui de la culture. L'influence de la Chine dans le monde est démultipliée par l'importance de la diaspora chinoise, en Asie du Sud-Est, bien sûr, mais aussi au-delà. Pékin peut compter sur ses expatriés, tout particulièrement en cette période de croissance économique et de fierté nationale, comme sur un précieux relais d'influence et un vecteur dans la vie des affaires.

Ainsi, du strict point de vue des ambitions territoriales et expansionnistes, la comparaison souvent faite par les analystes occidentaux entre la Chine d'aujourd'hui et l'Allemagne de la fin du XIXe siècle n'est-elle pas véritablement pertinente. La rivalité entre la Chine, l'Inde et le Japon ne façonnera pas le futur comme celle qui opposa la Grande-Bretagne, la France, la Russie et l'Allemagne a façonné le XIXe et le début du XXe siècle, pas plus que les Asiatiques ne se déchireront les uns les autres dans un soudain accès de nationalisme comme le croient certains commentateurs occidentaux. Les différences entre l'Allemagne d'alors et la Chine d'aujourd'hui l'emportent de beaucoup sur les similitudes. L'Allemagne nouvellement unifiée était une puissance pressée, surtout après le départ de Bismarck, qui seul eût été capable de contrôler le nouvel empereur Guillaume II. Elle était aussi présomptueuse qu'inquiète. Tandis que la Chine, empire qui revient, est infiniment plus patiente que l'Occident. Si l'on cherche absolument dans l'Europe du XIXe siècle une analogie avec la Chine, je suggère qu'on médite ce conseil donné aux Français par Guizot, Premier ministre du roi Louis-Philippe : « Enrichissez-vous. » N'est-ce pas précisément le même conseil que donnent Deng et ses successeurs aux Chinois ?

Si la Chine est consciente de ses faiblesses, elle demeure convaincue que le temps travaille pour elle. Cette conviction s'est trouvée renforcée par les événements du 11 Septembre, et par la réaction américaine à l'hyper-terrorisme, qui a accéléré le « retour des grandes puissances autoritaires », comme l'exposait avec conviction un récent article d'Azar Gat dans la revue *Foreign Affairs*[7]. La Chine pense non seulement que le comportement de l'administration Bush a miné l'influence américaine, mais aussi que le scepticisme croissant envers la démocratie et les droits de l'homme – valeurs que prêche l'Amérique, mais qu'elle oublie souvent de mettre en pratique – ne peut qu'accroître son propre poids.

L'ascension de pays non démocratiques, néanmoins gagnants sur le plan économique, comme la Chine et la Russie, prouve, aux yeux de Pékin, la viabilité de la voie autoritaire vers la modernité. Dans leurs négociations avec le continent africain, les Chinois sont prêts à faire passer ce message aux dirigeants : « Nous ne ressemblons pas aux vieilles puissances coloniales, nous ne vous donnerons pas de leçons sur la démocratie et les droits de l'homme. Nous ne sommes pas non plus la nouvelle puissance impériale venue d'Orient. Nous allons au contraire nous entendre avec vous de la façon la plus terre à terre. Nous avons besoin de vos ressources naturelles pour continuer à nous développer ; et vous avez besoin de notre argent pour émerger. Travaillons donc ensemble. »

Ceci ne doit pas masquer l'envie qu'ont en Chine les classes moyennes et les riches de vivre à l'Occidentale. Le grand défi économique, écologique, voire politique, vient, à l'échelle mondiale, du fait qu'un milliard trois cents millions de Chinois désirent vivre et dépenser comme les Occidentaux, sans toutefois être gouvernés comme eux. Dans les environs de Shanghai, d'étranges lotissements résidentiels, de style européen, ont été aménagés pour de riches copropriétaires, la nouvelle bourgeoisie d'affaires chinoise. Ils aiment notre musique, nos films, notre cuisine (avec un engouement de plus en plus marqué pour les produits allégés), nos boissons et nos costumes. Mais dans de nombreux autres domaines, ils ne veulent pas nous ressembler, bien qu'ils ne sachent pas exactement où se situe leur modèle ni quel rôle ils s'apprêtent à jouer sur la scène internationale.

La grande question est de savoir si l'approche ambivalente et hybride de la Chine est réaliste, si le capitalisme occidental, avec son cortège d'ambitions individuelles, peut coexister avec l'autoritarisme oriental. À court terme, il est possible que la recette fonctionne encore un peu, mais à long terme, les contradictions l'emportent. L'État de droit est aussi nécessaire à la Chine que le mercantilisme pur et dur. Ce sont l'absence de cet État de droit et la corruption qui ont conduit au sacrifice de milliers d'élèves, des enfants pour la plupart, lorsque leurs écoles se sont effondrées comme de vulgaires châteaux de cartes au cours du tremblement de terre du printemps 2008. Et que dire du scandale du lait contaminé ?

La Chine a cruellement besoin, au niveau local surtout, d'une nouvelle élite, animée par le sens du bien commun, si elle veut demeurer un pays stable, si elle entend jouer un rôle positif et responsable dans les affaires du monde ou même devenir un jour une superpuissance généreuse. La réaction de Pékin lors de la campagne de répression lancée par les généraux de Rangoon à l'automne 2007 fut, c'est le moins qu'on puisse dire, d'une efficacité limitée. Seul pays au monde dont les pressions sur la Birmanie ont quelque chance d'être efficaces, la Chine semble avoir renâclé à jeter tout son poids dans la balance. Elle a aussi réagi de façon outrancière à la réception offerte par les États-Unis au dalaï-lama en 2007. La mauvaise foi avec laquelle elle s'en prend au chef spirituel et politique tibétain n'honore pas ses dirigeants et nuit à son image auprès de l'opinion internationale. On peut en outre se demander si la Russie et la Chine, dans leur attitude envers l'Iran de Mahmoud Ahmadinejad, ne font pas assaut d'irresponsabilité, malgré l'ambivalence et la complexité de leur position respective. Il serait également aisé de faire le compte des calculs cyniques et à court terme qui sont ceux de la Chine en Afrique, le principe de non-ingérence menant de fait à une complicité avec les régimes d'Omar al-Bachir au Soudan – impliqué dans de graves violations des droits de l'homme au Darfour – ou de Robert Mugabe au Zimbabwe.

Il est néanmoins des signes, discrets, que la Chine commence à prendre la mesure de son rôle de grande puissance sur la scène mondiale. Le retour de Hong Kong dans le giron continental au milieu des années quatre-vingt-dix s'est effectué plus paisiblement que ne l'avaient escompté la plupart des observateurs. Les dirigeants de Pékin ont fait preuve à cet égard de suffisamment d'intelligence pour trouver un équilibre entre leur besoin de contrôle et la relative liberté dont jouissait Hong Kong sous le mandat britannique. De même ont-ils joué un rôle globalement positif dans la tentative jusqu'ici fructueuse de résoudre la crise nucléaire nord-coréenne. Tout en freinant significativement les ambitions atomiques de Pyongyang, ils sont en effet parvenus à prévenir un effondrement de la Corée du Nord, qui aurait pu mener à la réunification des deux Corées, c'est-à-dire non seulement à une entité considérablement renforcée, mais aussi à un afflux de réfugiés aux frontières chinoises.

En outre, en contribuant à la création du groupe de Shanghai, avec la Russie, le Kazakhstan, le Kirghizistan, le Tadjikistan et l'Ouzbékistan, les Chinois, qui cherchent à contrebalancer l'influence occidentale en Asie centrale, semblent vouloir jouer dans le ton du XIXe siècle européen. Mais ils le font d'une façon beaucoup plus prudente que les diplomates européens de l'époque. Pour reprendre les termes de Zbigniew Brzezinski, ancien conseiller national à la sécurité du président Carter (cité par Harry G. Gelber) : « Il ne fait aucun doute que la Chine est en train de créer tranquillement et avec beaucoup de succès une zone de co-prospérité en Asie de l'Est. Les pays de la région lui en sont de plus en plus reconnaissants, un sentiment auxquels les Chinois répondent de bonne grâce[8]. »

Ainsi serait-ce une grossière erreur de lecture des relations internationales et d'appréciation du point de vue chinois que de réduire la Chine à un facteur de désordre ou à une menace. Nous ne devons pas la regarder à travers le seul prisme de la démocratie. L'absence de transparence et d'une véritable compréhension de l'État de droit y est un problème, certes, mais avant tout pour les Chinois eux-mêmes. Nous ne pouvons et ne devons pas leur imposer nos catégories. Il nous faut tenter de porter sur leurs actes, du moins en partie, le regard qui est le leur, dans une perspective non pas unidimensionnelle, mais multidimensionnelle, sans oublier mais sans surestimer nos propres valeurs. C'est un difficile exercice d'équilibre, qui requiert le sens des nuances diplomatiques, dont les dirigeants occidentaux, assis entre deux chaises, coincés entre la rhétorique des droits de l'homme et leurs intérêts commerciaux, ne sont pas toujours très avertis.

Le manque de liberté et l'inexistence d'un système judiciaire indépendant constituent de sérieux obstacles sur le chemin chinois vers la croissance économique et le développement durables. Mais l'immense majorité des Chinois jugent leurs dirigeants sur des critères différents. Ils aspirent au progrès matériel, à de meilleures conditions de logement, au droit de voyager où bon leur semble – qui l'emporte certainement pour la plupart d'entre eux sur celui de penser différemment et de le manifester publiquement. Après avoir subi pendant un siècle les privations et la pénurie, le désordre et l'insécurité – souffrances encore exacerbées par la surenchère idéologique –, c'est au repos politique que rêvent de très nombreux Chinois. Mais ils attendent aussi de l'État qu'il les protège de la violence de la nature, de la pollution induite par l'activité humaine, voire de la brutalité de fonctionnaires locaux inefficaces et corrompus.

Si les changements politiques sont très lents, ils sont le fruit de facteurs internes – dont les demandes d'une classe moyenne qui s'émancipe – plus que des pressions extérieures.

En voyageant dans la Chine profonde durant l'été 2006, mon fils aîné a eu l'occasion d'observer certains signes avant-coureurs de l'émergence d'une société civile. Des passagers d'un vol intérieur qui avait dû être annulé en raison de l'incompétence des services d'Air China, la compagnie aérienne nationale, organisèrent une sorte de manifestation. Le représentant de la compagnie non seulement en « perdit la face », mais fut contraint d'accorder un remboursement aux passagers bloqués. Après la tragédie du Sichuan, c'est la justice et non des compensations financières que réclamèrent nombre de parents qui venaient de perdre leur enfant.

Les préparatifs des jeux Olympiques ont joué pour la Chine dans deux directions. Le gouvernement attend de ses concitoyens un engagement total, et joue sans difficulté la carte nationaliste. Mais les Chinois ont saisi en retour l'occasion de demander davantage aux autorités. L'image d'une femme qui refusait depuis plusieurs années que sa maison, frappée d'alignement, ne soit détruite, a fait le tour du monde, et elle est devenue un symbole moderne de résistance civique, l'équivalent, au XXIe siècle, de la figure solitaire qui se dressait devant les chars de la place Tian'anmen en mai 1989. Comme le mouvement étudiant fut écrasé, la maison a finalement été démolie, mais dans un avenir qui n'est peut-être pas si lointain, la résistance et ses symboles pourraient l'emporter.

Combien de temps l'actuelle combinaison de progrès économique et de stagnation politique peut-elle durer ? Aussi longtemps sans doute que prévaut l'espoir, mais celui-ci requiert que perdure la croissance économique.

En réalité, les Chinois ne pensent pas qu'ils aient beaucoup à faire sur le plan international pour continuer à accroître leur prestige, leur influence et leur autorité. Ils n'ont qu'à engranger les bénéfices des fautes commises par les autres, notamment par les Américains, que leur réaction excessive au fondamentalisme islamiste handicape cruellement. Un jour, les Chinois assisteront à leur avènement sur la scène diplomatique internationale, comme les Américains ont connu le leur, en 1905, lorsqu'ils organisèrent la conférence de San Francisco qui mit fin à la guerre russo-japonaise. La Chine attend patiemment son heure.

Les principaux écueils où pourraient s'échouer les espoirs des impassibles Chinois sont, bien sûr, Taïwan et le Tibet, deux problèmes de nature toutefois différentes, car si le Tibet est gouverné d'une main de fer, Taipeh est parfaitement indépendant de Pékin, hors la formule toute théorique : « Un État, deux systèmes ».

L'Amérique, pour le meilleur et pour le pire, peut demeurer l'acteur principal en Europe et au Moyen-Orient, mais à la lumière des crises récentes avec la Corée du Nord et la Birmanie, on en vient à douter qu'un tel rôle soit encore possible pour elle dans l'Est asiatique. C'est la Chine, ayant éclipsé les États-Unis, qui est en train de devenir dans cette région du monde ce que fut au XIXe siècle la Grande-Bretagne pour l'Europe : le « balancier » et le grand facteur d'équilibre. Son essor spectaculaire, en revanche, a conduit les autres pays d'Asie, le Japon en particulier, à redoubler d'efforts pour contrebalancer son influence car, à la différence de l'Angleterre, la Chine n'est pas une île, que des mers sépareraient d'éventuelles tentations expansionnistes, mais une puissance continentale, entourée de voisins directs.

Les États-Unis, dans l'avenir, peuvent compter sur deux cartes maîtresses. La première demeure l'espoir que la croissance économique conduite par le marché forcera la Chine à accepter une certaine modération démocratique, même si elle ne devient pas, à proprement parler, une démocratie. La seconde est l'influence même de l'Inde. Au plus fort de la crise transatlantique provoquée par la guerre d'Irak, en 2003, un diplomate américain de haut rang me faisait cette remarque, sur un ton de triomphe : « Nous avons peut-être perdu cinq cents millions d'Européens, mais nous avons gagné plus d'un milliard d'Indiens. Les premiers sont dans une phase de déclin, mais les seconds émergent et sont une force nouvelle dans le monde. » Tournons-nous donc vers l'Inde, et voyons si les espoirs américains d'une influence indienne éclairée en Asie sont justifiés.

L'émergence de l'Inde

Si « la Chine est de retour », l'Inde arrive, pour la première fois, sur la scène du monde. Elle n'a pas d'elle-même la représentation d'un vieil empire y retrouvant sa place centrale, mais d'une jeune nation ayant célébré en 2007 le soixantième anniversaire de son indépendance, avec un mélange d'immense fierté et de profonde introspection : « Nous avons tant fait en si peu de temps… mais l'avons-nous fait comme il le fallait ? »

La création d'une nouvelle nation sur l'immense sous-continent était sans aucun doute une tâche considérable. Existe-t-il un autre pays où l'on puisse rencontrer un mélange aussi extraordinaire de groupes ethniques, de langages, de religions et de pratiques culturelles ? Winston Churchill disait de l'Inde qu'elle n'était qu'« une simple expression géographique, pas plus un pays que ne l'est la ligne de l'équateur ». L'Inde a prouvé que Churchill avait tort. Elle est bien plus que la somme de ses contradictions. Peut-être ne fut-elle autrefois qu'une idée ou un mythe ; elle est devenue aujourd'hui une réalité intangible et pratique.

Si l'Inde n'a pas, comme la Chine, l'histoire d'une grande puissance impériale, elle n'en possède pas moins une tradition forte dans bien des domaines. Avant son indépendance, les livres la concernant étaient classés, dans les bibliothèques, au rayon « spiritualité » ; ils ne fréquentaient pas encore les catégories « politique » ou « économie ». La richesse de l'Inde était « de nature spirituelle ». L'économiste indien contemporain Amartya Sen nous rappelle que les Chinois, durant le premier millénaire avant notre ère, parlaient de l'Inde comme du « royaume bouddhiste ». Il évoque aussi, dans *L'Inde : histoire, culture et identité*, l'empereur bouddhiste Ashoka, qui, au IIIe siècle avant notre ère, « non seulement a souligné le besoin de tolérance et la richesse de l'hétérodoxie, mais a posé les premières règles, peut-être, de conduite des débats et des controverses, à savoir que les contradicteurs doivent être respectés de toutes les façons et en toutes occasions[9] ». Cette tradition de tolérance contraste vivement avec la Chine mais aussi avec l'Europe de l'époque.

L'héritage de Gandhi lui a donné une traduction dans le champ politique contemporain. Mais il est difficile, aujourd'hui, de savoir ce qui en reste. En octobre 2007, la chaîne franco-allemande Arte a diffusé une émission intitulée *Sur les traces de Gandhi*, qui montre entre autres comment le nom du Mahatma a été choisi pour parrainer un concours de rires ! Voilà pour les enseignements profonds et les leçons politiques du père de l'indépendance ! Ce documentaire montre aussi que dans presque tous les villages, les bustes de Gandhi sont allés rejoindre les entrepôts municipaux. C'est comme si tout le pays, dans un accès à froid de réalisme, lui avait tourné le dos. Lorsqu'en 2007 l'Inde voulut marquer sa présence au Forum économique mondial de Davos, elle eut recours à des défilés de mode, à des distributions d'iPod et autres *happy hours* subventionnées, tous symboles, clinquants ou chics, de la société capitaliste de consommation. Il était difficile d'imaginer qu'un philosophe à moitié nu, un militant prêchant la simplicité et l'austérité, avait fondé cette nation nouvelle.

Ainsi les contradictions internes de l'Inde sont-elles au moins aussi profondes que celles de la Chine. Mais elles sont d'une nature différente. Les Indiens sont légitimement fiers de leur statut démocratique. Selon leur formule rituelle, ils sont « la plus grande démocratie du monde », tout comme la Chine, selon une autre formule rituelle, est « la plus vieille civilisation du monde ». Mais cette fierté ne va pas sans dégoût pour l'incompétence et la corruption de leur classe politique – la pire qui soit au monde, à en croire de nombreux intellectuels indiens. Que signifie la démocratie si l'État de droit ne fonctionne pas ? Certes, les élections libres, l'indépendance de la justice et une presse également libre sont des réalités, mais affaiblies, érodées par la force opiniâtre de la corruption.

L'autre grand défaut de l'Inde est son système des castes, sans équivalent. Et il semble, ce qui ne laisse pas de choquer, que la lutte contre les divisions de classe (y compris contre le système des castes) se soit ces dernières années relâchée. Non seulement le rêve de construire un système social affranchi des stratifications de classe, qui fut celui de Nehru, n'est pas devenu réalité, mais tout porte à croire qu'il s'est lentement évaporé, victime de l'inconséquence des élites politiques au pouvoir et de la cupidité des classes capitalistes, plus préoccupées de croissance que de justice sociale. Les riches Indiens ont tendance à ne plus même voir les masses immenses qui vivent dans la pauvreté. Leur regard les évite ou les traverse avec une sérénité qui apparaît, en partie du moins, comme une conséquence du système des castes. Comment se fait-il que les gens ne puissent sentir que leur douleur et pas celle des autres ? Pour le cinéaste indien Raja Menon, « l'Inde n'a pas qu'un problème de pauvreté, elle a un problème de déshumanisation[10] ». Le message implicite des élites indiennes semble être celui-ci : « Bien sûr, ils sont très pauvres, mais que peut-on espérer ? Il en a toujours été ainsi. Au moins ne meurent-ils plus de faim, et leur nombre, même s'il est encore trop élevé, a diminué, proportionnellement. »

Il est vrai que l'extrême pauvreté s'est en Inde significativement réduite, et n'y représente pas plus de 10 % de la population, alors qu'elle frappait 25 % des Indiens il y a vingt ans. Le problème de la pauvreté est pourtant loin d'être résolu, et il est inquiétant de voir les élites indiennes afficher tant d'indifférence à son égard.

Durant les célébrations du soixantième anniversaire du pays, le Premier ministre, Manmohan Singh, a évoqué le problème, relevant le besoin, non pas tant d'une poursuite de la croissance, que d'un progrès économique beaucoup plus équitable. Ainsi dans leur dénonciation de l'injustice sociale, les Premiers ministres indien et chinois apparaissent-ils très proches, comme s'ils voulaient renforcer la validité du concept de Chininde – qui rappellerait ici l'urgence d'une réduction des inégalités, alors mêmes que les énergies sociétales sont tournées vers la poursuite de la croissance économique.

L'exemple de l'Inde montre que la modernité n'apporte pas automatiquement une plus grande égalité. Il se peut même qu'elle exacerbe les traditions les moins brillantes du pays. Si l'on en croit Edward Luce, du *Financial Times*, les inégalités entre hommes et femmes se seraient, par exemple, nettement accrues[11]. La modernité semble également devoir intensifier le rôle du nationalisme et de la religion. Des violences communautaires sanglantes ont une fois de plus éclaté d'un bout à l'autre de la Péninsule, tuant plus de deux mille musulmans, en 2003. Pour résoudre ce problème, ni l'Europe laïcisée ni la Chine matérialiste ne peuvent fournir à l'Inde un modèle. S'il en est un, il est plus à chercher du côté des États-Unis, avec sa combinaison stable (dans l'ensemble) de religion sécularisée, non sectaire, et de patriotisme pour tous, que symbolise la devise nationale et officieuse *« In God We Trust »*. Est-elle traduisible dans le contexte indien ? Peut-on imaginer que l'Inde parvienne à développer une éthique du *« In* Gods *We Trust »* ?

Si l'on cherche à comparer, il y a probablement plus d'espoir et moins de désespoir en Inde qu'en Chine. Les très riches Indiens sont stupéfaits de ce qu'ils ont été capables d'accomplir en si peu de temps. En fait, à la différence des Chinois, les Indiens doutent de leur nouvelle identité, ont parfois des difficultés à endosser leur costume de géant émergeant. C'est le regard teinté de respect – et même d'une pointe d'envie – que nous portons sur eux, sur leurs succès et sur leur dynamisme, qui leur donne la confiance dont ils ont besoin pour renforcer leur identité et assumer leur nouveau statut mondial. Lors de la « Conférence du Président », qui a marqué le soixantième anniversaire de la création de l'État d'Israël, en mai 2008, il y avait deux « stars » : la première, évidente et visible, n'était autre que le président des États-Unis, George W. Bush ; l'autre, beaucoup plus discrète, avait pour nom Lakshmi Mittal, le patron du numéro un mondial de l'acier, ArcelorMittal, symbole d'une Inde adulte à l'ère globale.

Au-delà de l'Inde proprement dite, la diaspora indienne compte environ vingt millions de personnes. Elle réussit de mieux en mieux et elle est de plus en plus sûre d'elle-même ; elle tire aussi de l'ascension internationale de son pays d'origine une sorte de sentiment de légitimité. Aujourd'hui, les analystes financiers indiens sont très recherchés sur les places de New York et de Londres ; des médecins indiens sont intégrés aux équipes des principaux centres de soins des États-Unis, et un Indo-Américain (de religion chrétienne), Piyush « Bobby » Jindal a été élu au poste de gouverneur de l'État de Louisiane – il fut même question, quoique brièvement, qu'il figure sur le ticket républicain comme candidat à la viceprésidence.

La confiance montante des Indiens des classes moyennes supérieures, qu'ils résident en Inde ou ailleurs dans le monde, a pour contrepoint l'« endurance » légendaire de leurs compatriotes, dont Pavan K. Varma explique dans son livre *Le Défi indien*, que c'est une qualité forgée par des siècles de malheurs. « Un étranger ne pourra jamais comprendre à quel point un Indien est mentalement préparé à accepter l'inacceptable[12] », écrit Varma. Tant que ses nombreuses périphéries marginalisées auront foi dans le changement, l'espoir prévaudra en Inde.

Si la confiance de la Chine est largement fondée sur son passé, celle de l'Inde l'est sur sa vision du futur. Nation jeune (sur 1,1 milliard d'habitants, 700 millions ont moins de vingt-cinq ans), l'Inde est « la société du

1 % », pour reprendre les termes de T. N. Ninan, l'un des journalistes les plus respectés du pays (cité par Edward Luce) : « Quel que soit l'indicateur que vous choisissiez, qu'il soit économique ou social, l'Inde progresse au rythme d'environ 1 % par an. » « À en juger par les conditions de vie des Indiens, poursuit Luce, plutôt que par les drames qui émaillent son histoire récente, le pays suit une trajectoire d'une stabilité remarquable[13]. » Mais pour continuer à croître, l'Inde doit impérativement développer ses infrastructures, réduire les inégalités et maîtriser la corruption.

Pour reprendre le jeu des comparaisons, la diversité complexe de l'Inde pluraliste est peut-être l'une des raisons fondamentales de la survie et de la stabilité de sa démocratie. La nature centralisée de la Chine, en revanche, la rend beaucoup plus efficace, mais aussi, probablement, beaucoup plus vulnérable à l'extension rapide de la confusion si des troubles politiques devaient advenir.

L'exception japonaise

Si le géant à deux têtes qu'est la Chininde représente le plein épanouissement de l'espoir asiatique, qu'en est-il de l'autre grande locomotive économique de la région, le Japon ? Pourquoi cette riche nation insulaire ne participe-t-elle pas pleinement à la culture de l'espoir ? Pour comprendre dans quelles circonstances le Japon est devenu la grande exception parmi les nations asiatiques, il faut faire un léger détour.

Dès le milieu des années soixante, le Japon inaugurait le miracle économique asiatique. Les jeux Olympiques de Tokyo, en 1964, célébrèrent la renaissance japonaise moins de vingt ans après la fin de la Seconde Guerre mondiale et plus de quarante années avant que ces mêmes Jeux viennent à Pékin.

Pays caméléon, probablement plus mystérieux dans son insularité et plus difficile à appréhender pour un esprit occidental que ne le sont la Chine ou l'Inde, le Japon n'est réellement perçu comme asiatique ailleurs qu'en Occident. Il est aussi la preuve vivante que modernité et occidentalisation ne sont pas synonymes. Dans l'Asie d'aujourd'hui, plus de soixante ans après la fin de la Seconde Guerre mondiale, le Japon, pour la majorité de ses voisins, est toujours « nippon », singulier et arrogant.

L'histoire et les cicatrices du passé sont assurément l'une des raisons fondamentales de ce divorce persistant entre le Japon et le reste de l'Asie. Le choix de la démocratie comme système politique, initialement imposé par les États-Unis mais largement ratifié depuis lors par l'ensemble de la population japonaise, n'a pas eu pour corollaire la culture de la réconciliation qui fut celle des Allemands. Est-ce parce que les Japonais, pour de profondes raisons religieuses, culturelles et historiques, ne sauraient dire « pardon » et s'excuser ? Est-ce parce que nos attentes – et celles de ses « voisins » asiatiques – sont surdéterminées par les analogies avec l'Allemagne ? Pour l'essayiste hollandais Ian Buruma, un élément capital s'ajoute à la combinaison de tous ces facteurs[14]. Première et, jusqu'à présent – fort heureusement –, seule victime de la « bombe atomique », les Japonais ont pensé qu'ils avaient déjà payé au prix fort ce qu'ils considèrent comme une faute mais pas nécessairement comme un crime, à savoir le jeu dangereux de leurs dirigeants et leur alliance militaire et diplomatique avec le fascisme et le nazisme, qui eut les conséquences qu'on sait pour leurs voisins et pour eux-mêmes. La relation avec le passé est une des clés de l'avenir. Et l'« histoire » est perçue différemment en Europe et en Asie. Sur un continent où l'on croit en la réincarnation, on peut considérer que la version reconstruite du pavillon d'Or, à Kyoto, tant de fois réduit en cendres, est aussi authentique que le bâtiment originel. Cette « relativité » de l'histoire asiatique pourrait-elle aussi contribuer à expliquer la relation différente que les deux continents entretiennent avec leur passé ? Les Européens, dans l'ensemble, ont fini – à l'exception majeure des Balkans – par transcender leur passé, et se sont engagés avec succès dans la construction de l'Union européenne. Les Asiatiques, en revanche, ont eu et ont toujours des difficultés à prendre en charge ce passé, sinon de façon sélective, et souvent contradictoire. Les Chinois, par exemple, y font référence chaque fois qu'ils peuvent lorsqu'il est question des crimes de guerre japonais, mais ils ne parviennent pas encore à aborder le leur, encore moins à l'accepter lorsqu'il s'agit, à l'intérieur, de la répression du mouvement étudiant sur la place Tian'anmen en 1989, ou, à l'extérieur, au Tibet par exemple, du « passé impérial » récent. Les Japonais n'ont pas intégré la logique de repentance qui caractérise l'Allemagne chrétienne, bien qu'ils aient fait de la restauration de leur image internationale l'une de leurs priorités. Trop occidentaux pour la majorité des Asiatiques, ils sont demeurés trop asiatiques pour être pleinement compris des Occidentaux, qu'il s'agisse de leurs peurs ou de leurs espoirs.

Les peurs japonaises sont traditionnellement fort différentes des peurs occidentales. Les premières sont liées à la nature, au point que les familles japonaises conservent à portée de main, dans l'entrée des habitations, des kits de survie, prêts à être utilisés en cas de tremblement de terre, de tsunami ou d'inondation. Les secondes se portent sur les autres hommes, agresseurs ou envahisseurs potentiels. En un certain sens, les préoccupations des Japonais concernant la nature ont un caractère moderne ; elles préexistent à celles de l'Occident pour l'environnement. Mais tandis qu'ici les craintes ressortissent à l'action de l'homme sur la nature, là-bas, elles sont nourries par le risque inverse.

La culture actuelle de la peur au Japon a néanmoins un autre objet que les catastrophes naturelles et elle explique pourquoi le pays ne s'intègre pas à la culture asiatique de l'espoir, se retrouvant sur ce point au diapason de l'Occident. À Tokyo, le doute s'est installé dans l'air du temps il y a presque vingt ans, lorsque s'est effondrée la bulle immobilière. L'archipel a depuis traversé une crise structurelle qui a duré, dans sa forme la plus aiguë, au moins jusqu'à l'arrivée de Yoichi Koizumi au poste de Premier ministre. Même aujourd'hui, le Japon n'en est pas totalement remis, loin de là. On sent que le pays ne sait plus précisément où il va, ni à quoi il appartient, même s'il sort comparativement renforcé de la crise financière de 2008. Il est douloureusement conscient d'avoir été supplanté par l'Inde en tant que partenaire diplomatique privilégié des États-Unis, tout comme il sait que la Chine est désormais leur principal partenaire économique et rival mondial. En fait, dans les milieux de la politique extérieure et particulièrement au Gaimucho, le ministère des Affaires étrangères, on sent comme une obsession de la Chine, dont on aimerait qu'elle soit partagée par d'autres, en Asie et dans le monde, et qui traduit le sentiment d'une perte d'influence internationale, d'une nostalgie pour une époque, révolue depuis les années quatre-vingt-dix, où le Japon était le seul pays d'Asie comptant réellement sur la scène internationale. Ainsi vue de Tokyo, sinon plus globalement d'Asie, la Russie n'est-elle plus perçue que comme un problème régional qui ne concerne que l'Europe et à la rigueur les États-Unis. La Chine à l'inverse est un problème régional et mondial.

Les doutes du Japon sur lui-même ont bien sûr d'autres causes fondamentales. Sa population vieillissante est en passe de devenir la plus âgée du monde ; il lui est donc plus difficile de se comporter avec le dynamisme et l'énergie requis par une culture de l'espoir. Son taux de suicides, surtout chez les jeunes, est l'un des plus élevés au monde. Et à l'exception notable des années Koizumi, le système politique japonais se caractérise par ce qu'il faut bien appeler sa médiocrité et sa stagnation. Les Japonais disaient eux-mêmes de ce système, dans les années quatre-vingt-dix, qu'il combinait les pires défauts du Mexique et de l'Italie, à savoir l'immuabilité et l'inefficacité. Avec la défaite du parti au pouvoir depuis des décennies, l'immutabilité a laissé place au changement.

Sera-t-il synonyme d'efficacité ? Il est trop tôt pour le dire.

Le Japon partage en fait nombre de ses forces et de ses faiblesses avec l'Europe. L'un et l'autre possèdent des entreprises dynamiques et fortes, des organisations démocratiques stables et des systèmes de santé de grande qualité. Mais tous deux ont aussi en commun une tendance à la dépression, à l'introspection, à l'angoisse et au repli sur soi. Peut-être n'est-il pas surprenant que la culture occidentale de la peur ait également affecté le Japon.

Sur le plan diplomatique, le Japon est généralement plus proche de l'Occident que de ses voisins asiatiques. À l'instar de l'Australie, du Canada et de l'Allemagne, le Japon, qui n'est pas une puissance nucléaire et ne siège pas comme membre permanent du Conseil de sécurité, est démocratique et prospère. « Passionnément modéré » dans son rapport aux autres, il a souvent cherché à créer des ponts entre des mondes divisés – division géographique entre l'Europe de l'Est et celle de l'Ouest, sociale et éthique entre le paisible Canada et les belliqueux États-Unis, économique entre le Nord et le Sud, mais surtout culturelle, entre l'Orient et l'Occident. Apparaissant souvent comme occidental aux yeux des Asiatiques et oriental à ceux des Européens et des Américains, le Japon semble apprécier cette posture de passerelle.

Pourtant, avec l'ascension de la Chine et de l'Inde, il se perçoit moins, désormais, comme un lien entre les cultures qu'il ne se renvoie l'image d'un être hybride, resté en arrière, assistant au déclin de sa singularité, de son importance et de son influence. Des générations de Japonais ont consenti à des sacrifices économiques pour la grandeur et la prospérité de leur pays, et en tant que nation, le Japon s'est montré un élève studieux, enthousiaste, de la démocratie à l'occidentale et du capitalisme. Aujourd'hui ses sacrifices et ses années d'« études » semblent presque vains à mesure que les nouveaux géants de la région font provision de puissance et d'influence sans avoir, semble-t-il, renoncé à quoi que ce soit. C'est un peu comme si, après avoir été le premier de la classe pendant des décennies, le Japon voyait les cancres de toujours obtenir de meilleurs diplômes. Et tandis que la Chine devient pour le Japon un partenaire économique de plus en plus important, de nombreux Japonais commencent à penser que s'ils ont travaillé si dur, ce n'était pas, certes, « pour le roi de Prusse », comme on le disait dans la France du XVIIIe siècle, mais « pour l'empereur de Chine ».

En raison de quoi le Japon est aujourd'hui envahi par un vague sentiment d'angoisse lorsqu'il pense à l'avenir. L'espoir, qui l'avait gouverné dans les années soixante et soixante-dix, a cédé le pas à la peur.

Les défis de l'espoir

Malgré leurs systèmes politiques différents, la Chine et l'Inde font face à des défis notablement similaires. Les deux pays doivent arracher à l'extrême pauvreté des millions de gens, prévenir des tragédies écologiques potentielles, contenir l'épidémie de VIH et de SIDA, enfin, combler le fossé qui sépare la société de la politique. Ce dernier défi, déjà ardu pour les « vieilles » démocraties occidentales, est une tâche herculéenne pour une démocratie désordonnée comme l'Inde ou une autocratie paralysante comme la Chine. S'il existe une culture de l'espoir, à laquelle s'abreuvent des millions d'Indiens et de Chinois, ce n'est pas grâce à leurs dirigeants politiques, mais, en grande partie, malgré eux.

Ayant atteint sur la scène du monde l'âge de la majorité, les deux géants doivent encore définir leurs relations réciproques et celles qu'ils entretiendront avec les autres grandes puissances. Pour chacun d'entre eux, l'évolution des liens avec les États-Unis, encore en position dominante, est un enjeu majeur.

L'Inde a déjà commencé à prendre ses distances, désireuse d'affirmer son indépendance à l'égard de son ancien mentor, par exemple avec son projet d'oléoduc et de gazoduc la reliant à l'Iran, ou bien avec ses rejets réitérés des demandes américaines dans les négociations bilatérales en cours concernant le nucléaire civil.

À sa naissance, en 1947, l'Inde se voyait elle-même comme l'Union européenne se considère aujourd'hui : une « superpuissance morale », que son accession pacifique à l'indépendance, sous la direction spirituelle de Gandhi, dotait d'une grande légitimité. Mais au XXIe siècle, elle ne peut plus s'appuyer sur la nostalgie de son ancien statut moral. Elle doit décider quelle sorte de puissance elle veut être. Il ne lui sera pas aisé de se forger une identité internationale et d'établir une relation équilibrée avec les États-Unis, sans tomber dans les travers du gaullisme (la quête de l'indépendance à tout prix) ni s'enferrer dans une stratégie du strict équilibre des puissances, où sa principale fonction serait de contrer l'influence chinoise pour le compte d'un autre.

Le dilemme de la Chine se situe presque à l'opposé. Un haut diplomate occidental, cité par le *Financial Times*, note : « L'idée que les dirigeants chinois se réveillent chaque matin avec des plans de domination du monde ne tient tout simplement pas debout. C'est plutôt en se demandant comment ils pourront résoudre les centaines de problèmes qui se posent chez eux qu'ils commencent la journée[15]. » Rien n'est plus juste – pour le moment. Mais combien de temps les Chinois pourront-ils garder le cap sans faire de vagues ? Excès de confiance et *hubris* globale (sans doute peu probables) ou perte de confiance et besoin de distraire l'attention portée à ses problèmes domestiques (plus vraisemblablement), la Chine pourrait sombrer dans quelque forme de nationalisme irresponsable – dirigé contre Taïwan, par exemple.

L'évolution du rôle international joué par la Chine et l'Inde dépendra de leur capacité à se réformer. La Chine peut-elle demeurer un moteur de la croissance pour l'économie mondiale et devenir la plus grande puissance commerciale du monde sans accélérer l'évolution interne de son organisation politique ? Continuera-t-elle d'être ce fantastique marché pour les multinationales si la gouvernance de Pékin est frappée de paralysie ? L'Inde pourra-t-elle développer un secteur productif de masse, à forte intensité de travail, sans fournir un niveau d'éducation minimum à ses millions de paysans vivant aujourd'hui dans une pauvreté presque totale ? Les difficultés de la société Tata à produire sa nouvelle voiture ultra-bon marché, la Nano, sur les terres de paysans soucieux de défendre leur culture rurale est une des illustrations les plus spectaculaires de ce dilemme. Par ailleurs, combien de temps l'Inde demeurera-t-elle un fournisseur attractif de biens et de services pour les entreprises occidentales sans réduire drastiquement son niveau de corruption, tant privée que publique ?

Ces défis, pour préoccupants qu'ils soient, ne remettent pas en cause la définition de l'Asie comme continent de l'espoir. Nous pourrions même avancer que si l'espoir avait en ce monde sa maison, ses fondations seraient en Chininde, dont les dirigeants ne s'attribuent ni la mission d'éliminer les « forces du mal » (comme l'a fait un George Bush) ni celle de définir des normes éthiques, sociales et culturelles universelles (comme le fait encore, parfois, l'Europe). Pourtant, la Chine et l'Inde doivent accepter qu'avec la puissance vient la responsabilité, c'est-à-dire, dans un monde global interdépendant, l'intégration d'une certaine forme d'universalisme, comprenant le respect des règles et des normes internationales. Pour la Chine, dont les propres normes ne sont pas à la hauteur, c'est une condition *sine qua non* si elle veut vendre à l'Occident des biens de qualité, de la technologie et des médicaments.

À partir de la seconde moitié du XXe siècle, l'Asie s'est muée en continent de l'espoir – même s'il s'agit d'une forme réduite d'espoir, non pas fondée sur des rêves de paix et de liberté mondiales, mais plus simplement sur un accroissement régulier de la prospérité matérielle. Cette vision « modeste » séduit des milliards d'affamés. Jusqu'où les entraînera-t-elle et pour combien de temps ?

IV

La culture d'humiliation

> L'homme Ben Laden était marginalisé, mis hors jeu ; mais dans la chrysalide du mythe qu'il avait fabriqué autour de sa personne, il devenait le représentant de tous les musulmans persécutés et humiliés. Sa vie et les symboles dans lesquels il l'enveloppa, incarna avec force le sentiment omniprésent de dépossession qui caractérise le monde musulman moderne. Dans son lamentable exil, il s'imprégnait de la misère de ceux qui partageaient sa foi ; son malheur l'autorisait à parler en leur nom, sa vengeance sanctifierait leur souffrance.
>
> Lawrence Right, *La Guerre cachée*.

Si l'espoir est confiance, l'humiliation est impuissance. Lorsqu'on se sent humilié, c'est généralement qu'on a perdu le contrôle de sa propre vie, que celle-ci soit considérée dans son acception collective – le peuple, la nation ou la communauté religieuse – ou individuelle – la personne. Lorsqu'on a la sensation d'être jusque dans sa propre intimité dominé par l'Autre, et qu'on est devenu complètement dépendant, l'humiliation est à son comble.

Ce sentiment de dépossession à l'égard du présent se porte alors sur le futur, qui s'oppose à un passé glorifié et idéalisé – un futur où l'on voit sa situation politique, économique, sociale et culturelle dictée par l'Autre.

L'humiliation, à un certain degré, existe dans toutes les cultures et toutes les sociétés. Il en est de deux sortes, une bonne et une mauvaise. Un certain degré d'humiliation peut constituer une incitation à l'ascension sociale, peut pousser à travailler plus dur : « Je vais vous montrer de quoi je suis réellement capable, vous prouver que vous aviez tort de ne pas me prendre au sérieux. Et je triompherai, au nom de mes ancêtres, que vous avez traités avec arrogance et que vous avez dépossédés. »

On peut affirmer que le premier miracle économique asiatique, dans les années quatre-vingt, fut, en partie du moins, une réponse victorieuse à des sentiments d'humiliation nationale. Des pays comme la Corée du Sud ou même Taïwan voulurent prouver à l'ancienne puissance occupante, le Japon, qu'ils pouvaient faire aussi bien. Un sentiment de défiance similaire fut aussi l'un des moteurs de l'actuelle renaissance chinoise. Ainsi l'humiliation infligée par les Japonais au reste de l'Asie a-t-elle constitué pour toute la région une drogue énergisante. À leur tour, les Japonais éprouvent aujourd'hui à l'égard de la Chine un sentiment d'humiliation relative. Une amie japonaise me disait combien il était bon d'avoir les Chinois pour voisins. « Sans eux, nous deviendrions paresseux », m'avouait-elle. Mais il est à craindre qu'avec eux les Japonais ne se sentent relégués au second rang.

Lorsqu'elle est dépassée et maîtrisée, l'humiliation agit sur les nations comme sur les individus. Elle renforce leur instinct de compétition. Elle donne de l'énergie et aiguise l'appétit. Mais cela présuppose l'existence d'une ouverture, réelle ou perçue comme telle, d'une lueur d'espoir. En d'autres termes, pour que l'humiliation soit de la « bonne » sorte, elle réclame un minimum de confiance et des circonstances favorables, tels un contexte ou une direction politiques et économiques raisonnablement propices.

Sans cela, l'humiliation est vouée à déchaîner le désespoir, à nourrir un instinct de vengeance qui peut aisément se muer en force aveugle de destruction. Si vous ne pouvez atteindre le niveau de ceux qui vous font subir cette humiliation, du moins pouvez-vous les entraîner dans votre chute : « Je vous montrerai ce que souffrir veut dire. » Aujourd'hui, c'est dans le monde arabo-musulman que cette « mauvaise » humiliation se fait plus particulièrement sentir, à l'exception des émirats du Golfe, ces minuscules Cités-États, vérifiant, jusqu'à présent, le proverbe, et « qui confirment la règle » en lui échappant.

Mais il nous faut d'abord passer par quelques définitions.

Il n'est pas possible de parler de l'Islam comme d'une entité. Il s'est diffracté en de multiples incarnations, comprenant diverses variations religieuses, culturelles, nationales et politiques : chiites contre sunnites, Arabes contre non-Arabes, Asiatiques contre Moyen-Orientaux, Africains contre Européens, modérés contre radicaux, religieux contre agnostiques. Dans ce chapitre, je tenterai donc de situer explicitement chaque courant de l'Islam que j'évoquerai.

En outre, le monde arabe lui-même n'existe pas vraiment en tant que tel. Il est composé de différentes nations unies par un sentiment commun d'insécurité. Mais s'il n'y a pas d'unité arabe, de diplomatie arabe, ni d'expression coordonnée des intérêts arabes, si la Ligue arabe n'est qu'une institution multilatérale largement déconsidérée et impuissante, il existe néanmoins quelque chose comme une façon de sentir ou une émotion arabes. Contrairement aux années d'après guerre où les rêves du nationalisme panarabe nourrissaient les programmes politiques volontaristes de dirigeants pressés de tourner la page du colonialisme, cette émotion arabe connaît aujourd'hui un recul et cède le pas à une « identité » musulmane, plus particulièrement dans l'opposition au monde occidental.

L'islam est un mouvement religieux qui apparaît au début du VIIe siècle sur les marges des grands empires, ceux des Byzantins et des Sassanides, qui dominaient alors la moitié occidentale du monde. C'est au nom de cette nouvelle religion que des armées recrutées dans les populations de l'Arabie fondèrent un nouvel empire, le Califat, qui s'étendit de l'Asie centrale à l'Espagne. Le centre du pouvoir s'y déplaça, de l'Arabie à Damas, en Syrie, sous les califes omeyyades, puis à Bagdad, en Irak, sous la dynastie abbasside. La langue arabe s'y répandit et devint le véhicule d'une culture partagée au-delà de l'islam, l'équivalent du latin dans l'Empire romain ou de l'anglais dans le monde contemporain, une *lingua franca.* Dans ce monde, chrétiens, juifs et musulmans parlaient arabe, et il est encore difficile aujourd'hui de déterminer l'identité religieuse de certains auteurs de ce temps, scientifiques ou philosophes, qui vivaient, écrivaient et pensaient en arabe, sans être pour autant musulmans. Il y a quelques années, au Caire, une importante exposition, intitulée *Lorsque les sciences parlaient arabe*, a rendu hommage à cet âge d'or. L'époque ottomane, du XVIe au XVIIIe siècle, fut la dernière grande expression du monde de l'islam, mais elle marqua aussi le début du déclin pour une grande civilisation. La famille régnante parlait turc. L'Occident était en marche et la Porte sur la défensive. Ce qui commença au XVIIIe siècle n'est pas achevé aujourd'hui.

Quel que soit l'essor de l'islam comme religion, quand bien même la démographie assurerait à ses croyants d'être plus nombreux, y compris en proportions, qu'ils ne le furent jamais, ce qui domine le monde musulman, psychologiquement et émotionnellement, c'est un sentiment d'humiliation politique et culturelle ainsi qu'une soif exacerbée de dignité.

Poussée à cela par des générations de dirigeants incapables d'introspection et peu désireux d'affronter leurs responsabilités face à l'histoire, une majorité dans ce monde en crise s'est mise en quête de boucs émissaires, c'est-à-dire qu'elle a cherché qui, des « Autres », pouvait être déclaré coupable – d'avoir conspiré contre l'islam, le monde musulman et le peuple arabe. Mus par une « vision circulaire du temps », ces humiliés dénoncent les États-Unis, Israël et l'Occident – « chrétiens et juifs » pour les plus extrémistes, « croisés et sionistes » dans le langage d'Al-Qaida. Pour le régime de Mahmoud

Ahmadinejad, nier l'existence de l'État d'Israël, c'est, à bon compte, réintroduire dans l'histoire un sens « positif » du temps. « Nous sommes humiliés depuis si longtemps ! Mais vous ne perdez rien pour attendre. Israël, bientôt, ne sera plus là et son existence cessera de nous insulter. » Les princes saoudiens peuvent être obsédés par l'ascension de l'Iran chiite, les mollahs iraniens le sont par l'Occident, et ce qu'on appelle la « rue arabe » est très sensible aux provocations d'un Ahmadinejad, car il exprime à voix haute ce que n'osent dire la plupart des dirigeants arabes. Selon un récent sondage, réalisé par le Centre Ibn-Khaldoun du Caire, le chef du Hezbollah Hassan Nasrallah et le président iranien sont les dirigeants étrangers les plus populaires dans une écrasante majorité de l'Égypte sunnite[1]. Et c'est probablement le cas, également, dans la majeure partie du ProcheOrient.

Il est certes des Arabes gênés que leur cause soit défendue avec ce genre de brio par une nation qui plus est non arabe – car Téhéran, drapée dans le manteau de la fierté arabe, l'a retaillé à ses mesures –, mais au moins cette cause a-t-elle trouvé un défenseur, pensent-ils *in petto*. Il en est même qui sont choqués par ce qu'ils considèrent à juste titre comme la « vulgarité » et le populisme bon marché des deux hommes, mais ils gardent la plupart du temps leur opinion pour eux-mêmes, convaincus que la marche de l'histoire, le *Zeitgeist*, n'emprunte pas leur voie modérée.

L'essor du radicalisme dans le monde musulman est en partie la cause en partie l'illustration de ce phénomène qui affecte tous les courants de l'islam, plus particulièrement, chez les sunnites, les wahhabites, et les chiites iraniens. Tous les pays sont touchés, mais certains le sont plus que d'autres. Il serait assez tentant de dire que plus le régime en place est proche des États-Unis, plus les sociétés des pays concernés sont sujettes au radicalisme, l'Égypte et l'Arabie saoudite illustrant parfaitement cette réalité. Mais la tendance est également présente au Liban, où le Hezbollah, avec l'aide de l'Iran et de la Syrie, est devenu un État dans l'État – si tant est qu'existe encore un État libanais –, et même, quoique maintenue sous contrôle, en Jordanie.

Hormis la présence inévitable et permanente du radicalisme, l'une des grandes caractéristiques de ce monde arabo-musulman, ou islamo-arabe, est son extension géographique, depuis les rivages méditerranéens, avec l'Algérie, la Tunisie et le Maroc, jusqu'à ce qu'on nomme traditionnellement « l'arc de crises oriental », avec des pays comme l'Afghanistan ou le Pakistan. Cette extension géographique a eu pour corollaire une expansion de la culture de l'humiliation. Et celle-ci est dorénavant partout présente dans un très lâche et vaste ensemble qui comprend aussi l'Indonésie et la Malaisie. D'où vient-elle et en quoi consiste-t-elle ?

Les fondements de l'humiliation : le sentiment du déclin dans l'histoire

Les strates archéologiques de ce sentiment d'humiliation sont nombreuses dans le monde arabo-musulman, mais la première et la plus importante d'entre elles est ce sentiment de déclin historique.

L'imaginaire islamiste est déterminé par la peur de l'anéantissement – une émotion qui affecte toutes les civilisations, tous les empires, toutes les nations et toutes les cultures, mais à des moments différents de leur histoire et avec des intensités diverses. Ainsi les Ottomans furent-ils obsédés par la désagrégation durant les trois derniers siècles de leur empire, qu'on qualifiait au XIXe siècle d'« homme malade de l'Europe ». (Les Européens font figure de nouveau venu dans le champ du déclin, puisqu'ils n'ont commencé à envisager leur propre décomposition qu'après la Première Guerre mondiale, avec des auteurs comme Spengler et Toynbee. « Nous autres, civilisations, savons maintenant que nous sommes mortelles[2] », écrivait Paul Valéry en 1919.)

La perception qu'a l'Islam de sa décomposition, qu'on peut dater de la fin du XVIIe siècle, s'est aiguisée au siècle dernier. Si les Arabes furent capables après l'Hégire de créer un monde et d'y attirer les autres peuples, c'est vers celui qu'avait engendré l'Europe occidentale qu'ils se sentirent eux-mêmes attirés, pour la plupart, aux XIXe et XXe siècles. Ils auraient en somme intégré la vision hégélienne de l'histoire et senti qu'ils appartenaient « à un moment révolu du développement de l'esprit humain, comme si, ayant accompli leur mission de préservation de la pensée grecque, ils avaient passé à d'autres le flambeau de la civilisation[3] ». Tel est effectivement le contexte de la défaite de 1967, à l'issue de la guerre des Six Jours, qui fut non seulement un revers militaire mais, plus profondément, prit la signification d'un jugement moral ou d'une ordalie. Pour l'économiste égyptien Galal Amin, cité par l'historien Albert Hourani, les Égyptiens et les autres peuples arabes « avaient perdu confiance en eux-mêmes[4] ». Le problème était culturel et moral avant d'être politique et économique, comme si toutes les strates d'humiliation accumulées dans l'histoire depuis 1683 avaient fusionné en une explosion globale de honte et d'indécision.

À l'époque où l'Occident chrétien peinait à franchir le gué du Moyen Âge, l'Islam connaissait la pleine floraison de la renaissance, particulièrement en Espagne, dans la splendeur d'Al-Ándalus, l'Andalousie. Il est intéressant de noter que Cordoue, Istanbul et Ispahan sont les trois villes choisies comme symboles de l'apogée d'une civilisation dans la nouvelle aile consacrée à l'Islam du Victoria and Albert Museum londonien. De ces trois métropoles, une seule fut arabe (Cordoue), et deux sont aujourd'hui essentiellement occidentales (Cordoue et Istanbul). Il n'est que la troisième (Ispahan, en Iran) qu'on puisse encore qualifier de ville musulmane. Ce simple exemple permet de mieux comprendre la place centrale occupée par l'Iran aux yeux des Arabes, à qui il lance un défi et pour qui il peut simultanément représenter un modèle ; ainsi s'expliquent les succès relatifs que rencontre la stratégie de ses dirigeants actuels, qui n'ont pourtant de leur propre culture qu'une approche peu « civilisée », voire barbare.

Le message adressé à un musulman d'aujourd'hui par cette nouvelle aile du Victoria and Albert Museum s'avère ambigu : rassurant et perturbant. Car on peut le lire de cette façon : « Vous avez été grands et pouvez le redevenir », ou de celle-ci : « Vous étiez vraiment grands, mais votre grandeur a passé, depuis plus de quatre siècles. » Dans ce beau roman égyptien qu'est *L'Immeuble Yacoubian*, adapté de façon très convaincante au cinéma, on sent cette nostalgie pour un monde de tolérance et de raffinement, dans un environnement corrompu et vulgaire, mais aussi terriblement pauvre et de plus en plus intolérant[5].

Les origines exactes de ce sentiment de décomposition sont difficiles à déterminer. La Renaissance occidentale correspond au début du déclin pour l'Islam, dont le destin semble basculer en 1683. Cette année-là, les Ottomans échouent devant Vienne et réalisent que l'histoire n'avance plus « dans leur sens », comme elle semblait pourtant le faire depuis la conquête de Constantinople, la « nouvelle Rome de l'Orient », en 1453. L'incapacité de l'Empire ottoman à maintenir son avance technologique en matière militaire, notamment d'armes à feu, joua un très grand rôle dans ce déplacement vers l'Ouest du centre de gravité de la puissance[6].

À la fin du XVIIIe siècle, l'Égypte offrait une proie facile à Napoléon Bonaparte, et le départ des Français n'y fut pas une victoire de la résistance intérieure, mais de la flotte britannique, commandée par l'amiral Nelson. Pour citer Bernard Lewis : « Les forces dominantes sur la terre des musulmans étaient désormais des forces extérieures. Des décisions prises à l'étranger, des actions réalisées par des étrangers façonnaient désormais leurs vies ; leurs choix étaient déterminés par les rivalités de puissances étrangères[7]. »

Finalement, les Ottomans s'avérèrent incapables de rattraper l'Occident. Au contraire du Japon de l'ère Meiji, qui, à la fin du XIXe siècle, envoyait vers l'Ouest des missions d'experts, dont les rapports jouèrent un rôle important dans la modernisation du pays : un Japon en plein essor vainquit en 1905 une Russie déclinante. Les missions envoyées par la Porte sur le modèle japonais vinrent trop tard. L'empire, déjà en décadence, était trop affaibli. Il n'accéderait à la modernité qu'avec Mustafa Kemal, Atatürk. Encore le kémalisme, trop limité géographiquement, réduit au cœur de l'ancien géant, ne parvint-il pas à transcender véritablement l'humiliation de son effondrement.

Le sentiment du déclin dans l'histoire, qui est à la racine même de la culture arabo-musulmane de l'humiliation, s'est trouvé renforcé par le choc cumulé d'une succession de frustrations : la soumission à l'impérialisme occidental au XIXe siècle et au début du XXe siècle ; les désillusions des indépendances ; la création de l'État d'Israël ; l'échec à faire du pétrole, du moins initialement, une arme économique et diplomatique ; enfin, et surtout, l'inanité des dirigeants, frustration encore plus profonde, car ils n'ont pas, dans la plupart des cas, été imposés de l'extérieur aux populations – les forces étrangères s'étant contentées de soutenir le *statu quo* dans des pays comme l'Égypte et l'Arabie saoudite, et n'ayant eu recours à la force qu'assez rarement, comme en Irak, où le régime était au demeurant mal accepté de la population.

Israël comme humiliation

Dans ces strates d'humiliation, la frustration liée à l'existence d'Israël occupe une place très spécifique, pour un ensemble de raisons, historiques, culturelles, démographiques et religieuses. La création de l'État d'Israël en 1948 fut en elle-même un choc symbolique pour le monde arabe. C'était la preuve irréfutable de sa décomposition, de son incapacité à écrire lui-même son histoire : le symbole de son impuissance. La superficie du nouvel État était incommensurable avec sa « localisation émotionnelle », au beau milieu de terres perçues comme arabes et musulmanes, dont Jérusalem, l'une des villes saintes de l'islam, où s'élève le Dôme du Rocher et la mosquée Al-Aqsa.

Les régimes arabes ne parvinrent à accepter cette humiliante impuissance qu'au moyen d'un mélange de romantisme historiciste et de négation du réel. L'analogie entre l'État juif nouvellement créé et les royaumes croisés du Moyen Âge fut la première réponse psychologique. Certes, Israël avait gagné la bataille de son indépendance grâce à l'aide de la communauté internationale, mais en prenant du recul, le tableau changeait. Historiquement, cette analogie n'était pas fondée ; les faiseurs de mythe arabes n'en furent pas pour autant ébranlés. Ils se convainquirent qu'à l'instar des royaumes chrétiens, Israël était une création artificielle et fragile. Les sables du désert engloutiraient ses tours arrogantes comme ils avaient englouti, par le passé, les châteaux forts chrétiens.

En 2001, avant le 11 Septembre, mais durant la seconde Intifada, un haut dirigeant français demandait à certain prince saoudien : « Pourquoi, sur le plan financier, n'aidez-vous pas plus les Palestiniens que vous ne le faites ? Cela contribuerait beaucoup à la paix entre Israël et la Palestine. » La réponse du prince est limpide : « Ce serait jeter l'argent par les fenêtres, car dans vingt ans, Israël n'existera plus. » Certes, ainsi que la plupart des monarchies du Golfe, l'Arabie saoudite a, du moins officiellement, revu son point de vue, craignant pour la survie de son régime si le chaos devait s'étendre de la Palestine à toute la région, plus confiante, aussi, dans la santé de son économie depuis la montée des prix de l'énergie. En outre, le désir qu'on sent aujourd'hui dans les Émirats de devenir l'épicentre d'une renaissance de l'Islam, se traduit par la présence de juifs et mêmes d'Israéliens. Mais ces modulations ne concernent qu'une certaine « marge asiatique » du monde arabomusulman.

Le pays le plus humilié par Israël fut peut-être l'Égypte. La guerre des Six Jours, en 1967, a brisé les ambitions nationalistes arabes du président Nasser. Il avait pourtant résisté avec succès, aidé par les États-Unis et l'Union soviétique, aux menées néo-impérialistes et quelque peu anachroniques de la France et de la Grande-Bretagne, en 1956. Mais en 1967, un pays d'un peu plus de trois millions d'habitants, sans l'aide de personne, met en quelques heures son armée en déroute, après avoir détruit au sol la presque totalité de son aviation. Qui pis est, ce pays n'est pas seulement l'incarnation de l'arrogance et de la supériorité occidentales, il se présente également comme celui des descendants d'esclaves de l'Égypte. Comment une poignée d'anciens esclaves a-t-elle pu humilier les héritiers de Ramsès II ?

Pour initier le processus de paix avec Israël, Anouar el-Sadate dut d'abord restaurer les Égyptiens dans leur fierté. Le franchissement du canal de Suez par son armée, en 1973[8], fut le premier pas sur un chemin qui s'acheva symboliquement par sa visite à Jérusalem en 1977. Il devait payer de sa vie ce mouvement courageux, tellement en avance sur la sensibilité de son peuple et sur celle de la nation arabe en général. Car l'espoir que le raïs voulait instiller à ces concitoyens laissait indifférents une grande majorité d'entre eux, prêts à une trêve infinie ou à une « paix froide », mais non à une vraie paix et encore moins à une réconciliation avec Israël. Son successeur, Hosni Moubarak, ayant depuis figé le pays dans une « gérontocratie » dont la priorité affichée est de s'accrocher au pouvoir, le progrès n'a pas eu lieu. Une guerre avec Israël est devenue impossible, mais une vraie paix est encore plus improbable. Les frustrations des Égyptiens à l'égard de leurs dirigeants sont tout simplement trop fortes – en outre, l'opposition religieuse à la présidence, incarnée par les Frères musulmans, a ses propres raisons, religieuses et idéologiques, de haïr aussi bien les juifs qu'Israël.

Les Israéliens, on ne peut que le reconnaître, ont encouragé le sentiment d'humiliation du monde arabo-musulman. En poursuivant l'extension de leurs colonies de peuplement, malgré les promesses faites aux Palestiniens et à la communauté internationale, ils ont montré avec quelle légèreté ils pouvaient traiter les sensibilités palestiniennes. Mais force est également d'admettre que le poids des responsabilités dans l'échec du processus de paix se répartit à parts égales entre Palestiniens,

Israéliens, communauté internationale et dirigeants arabes.

Sur le terrain, la multiplication des contrôles et des barrages routiers, sous prétexte de mesures de sécurité nécessitées par la lutte contre le terrorisme, a participé pleinement de la politique d'humiliation systématique. Les Israéliens ont agi là par réflexe démographique, mais aussi en raison de leur propre sentiment d'insécurité. Dans le climat d'*hubris* qui a suivi la guerre des Six Jours, la joie et le soulagement se teintaient d'un sentiment de supériorité envers l'ennemi vaincu. À cette époque, on entendait souvent, en Israël, des commentaires du genre de celui-ci : « Israël a une arme secrète : les Arabes. » Aujourd'hui, de nombreux Arabes seraient prêts à parier que « la fragilité psychologique d'Israël est l'arme secrète de la cause arabe ». Même s'il est toujours aussi périlleux de sous-estimer la résistance de l'adversaire et de surévaluer sa propre force. La « guerre de Gaza » avait au moins en partie pour but de restaurer cette dissuasion et cet équilibre de la terreur.

Dans la relation qu'entretient Israël avec un environnement hostile, la qualité doit compenser la quantité, et dans le macabre décompte des hostilités, la supériorité technologique est censée déjouer la passion et l'esprit de sacrifice des masses arabes. Ce jeu d'équilibre des forces a conduit à la seconde Intifada, déclenchée en 2000 et qui a atteint son point culminant en 2002, ainsi qu'à la guerre du Liban de 2006. Pour Israël, ne pas gagner nettement signifiait perdre. Pour le Hezbollah, ne pas perdre nettement, c'était gagner. Au prix de pertes dix fois plus élevées, les Arabes ont fait, pour ainsi dire, jeu égal avec Israël au Sud Liban, mais pas à Gaza.

Les bombes humaines, ces armes intelligentes de destruction, qui ont des yeux et des jambes et peuvent exploser à l'endroit et au moment où elles infligeront le maximum de pertes, ont l'avantage comparatif de répondre à l'arsenal de précision sophistiqué d'Israël. C'est une stratégie parfaitement inhumaine, qui n'a fait qu'affermir la résolution des citoyens israéliens, et a été considérée comme un échec, y compris sur le plan de la propagande, par la plupart des Palestiniens eux-mêmes ; elle n'illustre pas moins parfaitement la forme de violence induite par une culture de l'humiliation.

La manipulation politique de l'humiliation a pris de nombreuses formes dans l'Islam arabe, mais aussi en Asie, où les musulmans, de l'Inde à l'Indonésie, de la Malaisie aux Philippines, ont exprimé sous une forme violente leur sentiment d'avoir été humiliés et utilisés par l'Occident, par l'Amérique en particulier, et par leurs gouvernements corrompus alliés des États-Unis (plus les émotions sont fortes, mieux elles peuvent servir à des fins politiques ou diplomatiques). Le scandale qui entoura la publication de caricatures du Prophète dans un journal danois, en 2005, est un cas d'école. Il est certain que la liberté de la presse ne doit pas comprendre le droit d'insulter gratuitement les émotions les plus profondes des autres. On ne joue pas avec des allumettes près d'un puits de pétrole ; on ne s'en prend pas délibérément aux croyances les plus sacrées de l'autre sous le prétexte d'une « bonne provocation ». Mais il est également évident que la facilité avec laquelle ces dessins ont allumé l'ire du monde musulman est due au sentiment sous-jacent d'humiliation, terreau de ce déchaînement de rage qui accueille tout ce qui pourrait faire insulte à une foi malmenée ou perçue comme telle. Il est intéressant de noter que les manifestations violentes ne furent pas le fait des musulmans danois, mais éclatèrent dans de lointaines métropoles de l'Islam, à Karachi ou à Tripoli.

La diplomatie de l'humiliation

Le sentiment de l'humiliation peut se muer parfois en puissante arme diplomatique comme l'illustrent une série d'épisodes de l'histoire récente du MoyenOrient.

Les pays musulmans sont passés maîtres dans l'exploitation du sentiment de culpabilité des anciennes puissances coloniales, devenu un élément classique de leur diplomatie. Mais cette stratégie tend à s'user. L'État d'Israël ne s'est pas privé d'utiliser à ses fins la culpabilité du continent européen dans les crimes historiques de l'antisémitisme et, par-dessus tout, de la Shoah. Captive de ses contradictions, l'Europe parvient mal à définir une position commune et viable au Moyen-Orient. L'Allemagne penche pour Israël, tandis que la Grande-Bretagne, qui ne se sent pas coupable de la Shoah, et la France, qui s'est perçue avec le gaullisme comme un État « résistant », ont parfois été tentées d'embrasser les émotions de leurs anciennes possessions impériales, allant, si l'on reprend les mots d'un diplomate américain, jusqu'à « s'abaisser pour du pétrole », réagissant par conséquent avec un mélange de culpabilité et de cupidité.

Dans leurs négociations sans fin avec l'Occident sur les questions nucléaires, les représentants iraniens se sont toujours appuyés sur la mémoire de leur ancien Premier ministre, Mohammad Mossadegh, qu'un coup d'État conduit par les États-Unis évinça en 1953. Son nom, qui revient comme une incantation, leur fait office d'arme de dissuasion émotionnelle : « Vous nous avez humiliés il y a cinquante ans, mais vous ne pourrez plus recommencer. Nous sommes devenus un acteur de premier plan. Nous avons droit au nucléaire, comme n'importe quel autre pays de la région. Nous sommes plus qualifiés, en tant que civilisation, que ne l'est le Pakistan, et en termes démographiques, nous ne jouons pas dans la même catégorie qu'Israël. »

Même la Turquie utilise à sa façon la carte émotionnelle pour repousser les reproches venus du monde extérieur concernant son passé. Lorsqu'en 2007, le Congrès des États-Unis a eu des velléités de reconnaître la tragédie arménienne comme un génocide, il n'est parvenu qu'à envenimer les relations turquo-américaines, déjà dégradées par la guerre d'Irak. Il est fort possible que les Turcs méprisent les Arabes ou considèrent l'Iran comme une menace stratégique ; un commun sentiment d'humiliation les pousse néanmoins au même type de réaction émotionnelle lorsqu'ils sont confrontés à leur propre passé, plus encore si ce rappel vient de l'Occident : « Vous n'avez pas de leçons à nous donner. Considérez ce que vous avez fait à vos peuples natifs ou à vos juifs », telle semble être l'antienne implicite d'Ankara.

Mais l'humiliation peut aussi se dissimuler, pour des raisons mêlées, politiques, diplomatiques, et mêmes religieuses.

En 1979, l'aide d'un commando d'élite français s'avéra décisive pour reprendre les lieux saints de La Mecque à un groupe intégriste. Le régime saoudien, effrayé qu'on révèle l'entrée d'« infidèles » dans le sanctuaire emblématique de l'islam, et peu enclin à admettre son propre échec face à ce qu'on allait plus tard considérer comme la naissance d'Al-Qaida, tint l'affaire secrète, autant qu'il lui fut possible[9]. Les princes arabes ont eu besoin de l'Occident pour sauvegarder non seulement ce qu'ils avaient de plus sacré mais aussi leur sécurité personnelle et la stabilité de leurs régimes. Aujourd'hui, les contrats de ventes d'armes peuvent être considérés comme une discrète couverture pour une forme de protection plus personnalisée : « Nous achetons vos systèmes d'armes, mais vous nous protégez avec vos troupes d'élite le cas échéant. » Quelle sorte d'indépendance est-ce là ? Le joug ottoman n'était-il pas plus doux que celui des Occidentaux ? Au moins les Ottomans étaient-ils de bons musulmans.

L'humiliation peut aussi emprunter le masque de l'arrogance intellectuelle, sur le mode suivant : « Le futur nous appartient, tout comme le passé fut nôtre. » Un philosophe syrien cité par Bernard Lewis se pose ainsi la question de l'avenir de l'Europe : « Verrons-nous une Europe islamisée ou un islam européanisé[10] ? » De telles rodomontades ne sont pas d'un grand réconfort pour les millions de musulmans abaissés par les humiliations de l'heure, dont aucun signe ne montre qu'elles s'apaiseront à court terme.

Humiliation et mondialisation

Les frustrations liées à la mondialisation se sont ajoutées à toutes ces strates d'humiliation. Dans un environnement transparent et ouvert, l'Islam est pleinement conscient du contraste toujours plus net entre les mondes asiatique et occidental, qui ont initialement « surfé » sur la vague de la mondialisation, et son propre échec à y parvenir. Le rapport de l'ONU sur le développement arabe, publié en 2002, constitue une sorte de signal d'alarme que les dirigeants arabes peuvent difficilement ignorer[11]. Il contient une série de statistiques préoccupantes, qui vont du faible niveau de l'investissement dans l'éducation et la recherche – à l'exception notable des pays du Golfe – au manque de compétitivité économique ; de l'absence de progrès démocratique à l'accroissement des inégalités. Toutes les données renforcent le sentiment d'un « monde à la traîne ». Bien que la réaction musulmane contre l'occidentalisation soit déjà en elle-même une forme d'occidentalisation et une réponse logique à l'extension de l'islam hors de ses frontières traditionnelles, comme l'a si bien montré Olivier Roy, éminent spécialiste du Moyen-Orient dans son livre *L'Islam mondialisé*, elle exprime aussi un sentiment d'impuissance : « Je ne peux pas réussir dans un monde qu'"ils" continuent de dominer et de définir, et je ne réussirai pas[12]. »

Pourquoi cette angoisse de l'échec ? Les problèmes socio-économiques sont-ils inhérents à la religion musulmane ? Peut-on par exemple les faire remonter au fait que le Coran ne distingue pas clairement le spirituel du temporel ? L'islam est-il, d'une façon ou d'une autre, incompatible avec la modernité, le capitalisme et la démocratie ? Ou bien doit-on tenir pour acquis qu'en l'absence de culture démocratique et d'une forte classe moyenne, les processus électoraux démocratiques ne peuvent que favoriser les forces non démocratiques, comme tendraient à le prouver la victoire du Hamas en Palestine et la défaite des réformateurs en Iran ? Même en Turquie, plus moderne et développée, le progrès de la démocratie s'est associé à la montée des partis islamistes. Contrairement à ce qu'affirme le Premier ministre Recep Tayyip Erdogan, son parti n'a jamais été et n'est toujours pas le strict équivalent musulman de la CDU allemande. Les chrétiens-démocrates allemands sont en effet démocrates avant d'être chrétiens, et l'on peut se demander, au regard de la tolérance qu'ils manifestent envers les autres formations politiques, si l'inverse n'est pas vrai des partisans de M. Erdogan, du moins pour une part non négligeable d'entre eux, et s'ils ne sont pas, en leur for intérieur, d'abord musulmans avant d'être démocrates[13].

La relation de l'islam au politique semble très différente, jusque dans ces fondements, de celle qu'entretient le christianisme avec la vie publique. Cela ne signifie pas que la démocratie soit un système qui ne pourrait pas s'accommoder de l'obédience à une divinité, en tant que celle-ci s'opposerait systématiquement à la souveraineté populaire. Un nombre croissant d'intellectuels musulmans, dans des sociétés aussi diverses que l'Égypte, la Jordanie, la Turquie, l'Iran, la Malaisie ou l'Indonésie s'intéressent, comme le souligne James Piscatori, professeur au Centre d'études islamiques d'Oxford, à la façon dont les « valeurs de pluralisme, de tolérance et de civisme, qu'ils considèrent comme intrinsèquement liées à l'islam, peuvent être mises en pratique[14] ».

Ces intellectuels ne souscriraient pas à la vision noire que donne Ayaan Hirsi Ali, dans son essai provocateur *The Caged Virgin* (« La Vierge en cage »)[15], pour qui les problèmes rencontrés par l'islam sont liés à sa nature même (à la différence d'un Salman Rushdie, qui voit, lui, la source des mêmes problèmes dans les religions en général et non dans l'islam en particulier). Selon Ayaan Hirsi Ali : « La relation des musulmans à Dieu est une relation de peur. » Deuxième élément du problème, affirme-t-elle, l'islam ne reconnaît qu'une seule source morale, le Prophète, par essence infaillible. Et, troisième élément : « L'islam est imprégné d'une morale sexuelle issue des valeurs tribales qui avaient cours du temps où le Prophète recevait d'Allah ses instructions. » Ainsi la présence de femmes dans le contingent américain stationné sur des territoires musulmans est-elle perçue comme une forme particulièrement agressive d'humiliation. Pour Ayaan Hirsi Ali : « Ces éléments expliquent largement pourquoi les nations musulmanes sont restées à la traîne de l'Occident et, plus récemment, de l'Asie. »

Il est certain que la non-intégration des femmes en tant qu'acteurs égaux dans le fonctionnement de la société constitue un handicap aussi grave qu'ignoré dans la majorité des pays musulmans. Je me souviens encore d'une conférence que j'ai donnée à Berlin, quelques jours seulement après le 11 Septembre, devant un parterre de banquiers d'affaires des Émirats, parmi lesquels des femmes, cadres supérieures dont la tenue impeccable s'ornait d'un discret foulard. Elles se sentirent offensées par mes remarques sur la façon dont l'islam traitait les femmes et entreprirent de me convaincre que des femmes occidentales n'eussent jamais accédé à leur niveau de responsabilité. Elles étaient en plein déni d'une réalité qui les humiliait. Si dans un pays comme l'Arabie saoudite, une femme, parce qu'elle est femme ne peut conduire sa propre voiture, quelle chance a-t-elle de jouer un rôle significatif et autonome dans la société ? De la même façon, invité à l'université Columbia à l'occasion de sa visite à New York pour l'assemblée générale des Nations unies, en septembre 2007, le président Ahmadinejad soutint, contre toute évidence, que la condition de la femme en Iran était « la meilleure du monde ». Il est vrai qu'on ne saurait, dans le pays qu'il dirige, pendre les homosexuels, puisqu'il n'y en a pas…

Peut-être n'est-il pas surprenant qu'une culture écrasée sous le poids de l'humiliation trouve intolérable d'en reconnaître le fait et qu'elle emploie, parmi d'autres stratégies, pour s'en soulager, le simple déni, contre l'évidence elle-même.

Islam et christianisme

La relation entre islam et christianisme constitue un élément important du développement de cette culture de l'humiliation. Ce sont en effet les deux monothéismes qui se conçoivent comme universels, sont incompatibles avec les autres fois et prêchent la conversion. La croissance de l'Occident – qu'il soit capitaliste chrétien ou marxiste athée – ne pouvait signifier, sur les terres de l'islam, qu'une malédiction supplémentaire. L'extension de la culture et de la foi occidentales à des pays autrefois gouvernés par l'islam montrait aux musulmans combien ils étaient dépossédés de leur histoire et même de leur propre foi.

La compétition religieuse entre islam et christianisme a récemment pris de nouvelles formes. Tout d'abord, tandis que l'islam est désormais une religion en pleine expansion, débordante de vitalité, le christianisme, dans une large mesure – notamment en Europe –, est en recul. Même si l'on n'agrée pas entièrement à l'idée que les néo-conservateurs américains se font de l'Europe – « un continent où les églises sont vides et les mosquées pleines » –, force est de reconnaître que les pratiques religieuses chrétiennes y sont en déclin. Les vocations à la prêtrise s'y sont réduites à un niveau extrêmement faible et, de ce point de vue, alarmant ; il y a maintenant plus de jésuites en Asie qu'en Europe. Mais l'ascension de l'islam ne s'accompagne d'aucun progrès notable dans les domaines économique, social ou politique, demeure strictement cantonnée à la sphère religieuse, et ne vient pas soulager le sentiment d'humiliation ressenti par les musulmans. Les *madrasa* du Pakistan obligent les jeunes à apprendre par cœur le Coran en arabe, une langue qu'ils ne comprennent pas… Dans ces conditions, comment la religion pourrait-elle, même de loin, être associée à la moindre amélioration des conditions de vie ?

Entre un monde obsédé par le sentiment de son déclin, où la place de la religion est toujours plus importante, et une culture qui lui manifeste chaque jour plus d'indifférence mais se perçoit encore comme universelle et centrale, la relation ne pouvait qu'être tumultueuse. « Nous » sommes, en Occident, de plus en plus laïcisés. « Ils » sont, dans le monde musulman, de plus en plus religieux. Il en résulte que « nous » sommes tentés de voir en « eux » une résurgence anachronique de « notre » passé, des XVIe et XVIIe siècles, par exemple, lorsque l'Europe était la proie des guerres de religion. Ce qu'« ils » perçoivent, en revanche, c'est que « notre » modernité (considérée comme une décadence morale) les prive du contrôle de leur vie privée. « Notre » approche plus ouverte de la sexualité « les » incline à penser qu'« ils » ne sont plus maîtres de « leurs » valeurs, que « nous » méprisons ou ignorons « leur » sensibilité.

Certes, de nombreux musulmans progressistes, que ce soit en Occident ou dans le reste du monde, s'attachent à détruire cette dichotomie, cette cloison étanche entre « eux » et « nous ». Un nombre croissant de femmes de la deuxième génération, ayant suivi des études, en Europe et aux États-Unis, mais aussi dans les pays musulmans, ont choisi de se battre pour les droits des femmes *à l'intérieur* de l'islam. C'est peut-être la plus grande de toutes les révolutions, même si de nombreux conservatismes perdurent. Dans un livre récemment publié, *Heavy Metal Islam : Rock, Resistance and the Struggle for the Soul of Islam* (« Islam *heavy metal* : rock, résistance et combat pour l'âme de l'islam[16] »), Mark LeVine enquête sur les mouvements musicaux *underground* influencés par le rock occidental qui se sont développés au Moyen-Orient et en Afrique du Nord sous des régimes autoritaires. Cet ouvrage a pour but de retourner l'idée d'irréconciliabilité entre islam et Occident, mais la lecture qu'a de ces tentatives marginales le musulman moyen pourrait être exactement inverse : « Regardez comment l'Occident corrompt nos jeunes avec sa musique décadente ! »

Le problème de la polygamie illustre à merveille le gouffre qui sépare la sensibilité de l'Islam traditionnel et celle de l'Occident. Pour la conscience occidentale, c'est une offense à la modernité et à la condition de la femme. Mais pour un musulman dévot, c'est un accomplissement parfait. Notre condamnation ne rappelle que trop à certains musulmans la dure réalité : ils vivent désormais sous « notre » loi, internationale, voire nationale. Et il ne peut en être autrement pour les minorités installées en Occident. La ligne est ténue entre le respect nécessaire des différences et le piège du relativisme culturel. Quiconque souhaite vivre dans un monde reconnaissant la supériorité de l'État de droit ne saurait que trop respecter les lois qui l'accompagnent, parmi lesquelles celle qui garanti l'égalité des sexes.

La question de la tolérance soulève un autre point douloureux dans les relations entre chrétiens et musulmans. Aux dires de certains, l'islam serait la plus tolérante des grandes fois monothéistes. Ils en veulent pour preuve la bienveillance avec laquelle ont pu être traités juifs et chrétiens en terre musulmane. Il y a là une certaine vérité. Au XVIIIe siècle, Voltaire, dans sa dénonciation de l'intolérance chrétienne, remarque qu'on trouve des églises dans les pays de l'islam, tandis qu'on n'a jamais vu une mosquée en pays chrétien. Mais la tolérance des musulmans envers les autres fois, d'autant plus grande que la confiance prévalait sur le doute de soi, a varié au cours du temps. La réalité contemporaine aurait tendance à faire mentir Voltaire : on trouve des mosquées dans l'Europe chrétienne, même à Rome, mais aucune église en Arabie saoudite. Les tentatives d'« engagement constructif » qui caractérisent une approche multiculturelle, de plus en plus affirmée dans le monde chrétien, ne satisfont pas nécessairement les tenants d'une ligne dure dans le monde musulman, qui n'y voient que des marques d'hypocrisie ou de faiblesse. En revanche ceux qui ne partagent pas leur opinion, c'est-à-dire la grande majorité, aspirent au respect, quand nous ne sommes prêts, le plus souvent, qu'à nous montrer tolérants.

Le déclin culturel arabe

Les sources pour l'essentiel politiques et sociales de l'humiliation sont renforcées au plan culturel par le déclin de la langue et de la culture arabes. Si la religion de l'islam se diffuse, la culture arabe ne se développe pas. À quelques grandes exceptions près – ainsi de Naguib Mahfouz l'Égyptien, de Kateb Yacine l'Algérien ou de Mahmoud Darwich, le grand poète palestinien qui est mort récemment –, la littérature arabe, le cinéma ou même la musique demeurent peu diffusés hors de leur pays. Certes en France ces dernières années, les métissages musicaux très inspirés des musiques du Moyen-Orient, ou encore le raï algérien connaissent un réel succès. Le cinéma iranien, de Kiarostami Palme d'Or à Cannes jusqu'à Marjane Satrapi, est aussi d'une qualité remarquable. Mais de fait, être un intellectuel ou un artiste peut s'avérer dangereux dans un environnement où despotes et intégristes ont un intérêt commun à museler l'expression libre de la créativité. Il y a dix ans, le chanteur et poète berbère Lounès Matoub, immensément populaire en Kabylie, était assassiné en Algérie. Quant aux traductions, par exemple, de littératures étrangères vers l'arabe, elles sont relativement peu nombreuses. Il y a ainsi moins de traductions effectuées dans l'ensemble du monde arabe qu'en Grèce, un pays de six millions d'habitants[17].

Bien sûr, les différences peuvent être immenses entre les pays musulmans. Rien n'est plus frappant de ce point de vue que le contraste entre les librairies du Caire et celles d'Istanbul. Les premières traduisent le provincialisme d'une gérontocratie en décomposition, tandis que les secondes débordent de vie. Orhan Pamuk, Prix Nobel de littérature en 2006, peut être considéré comme une sorte de dissident en Turquie, mais il n'est pas non plus un hasard. À bien des égards, Pamuk symbolise le fait que le déclin analysé ici n'est pas tant celui de l'Islam que du monde arabe.

L'Égypte s'est longtemps considérée comme l'héritière d'une grande culture pré-islamique. La continuité entre modernes et anciens Égyptiens est beaucoup plus flagrante qu'entre la Grèce antique et celle d'aujourd'hui. Je me rappelle encore combien j'avais été frappé, il y a plus de vingt ans, après avoir rencontré celui qui était à l'époque ministre des Affaires étrangères de l'Égypte, Esma Abdel Neguib, de voir, au musée égyptien des Antiquités, sinon son ancêtre, du moins son sosie : la célèbre statue du scribe lui ressemblait étrangement. L'Égypte alors n'était plus celle du Moyen Empire, mais pouvait tout de même se considérer comme une sorte d'empire du Milieu, à sa manière, un acteur indispensable et l'équivalent au Moyen-Orient de ce qu'était la Chine en Asie.

Ce n'est plus le cas. Figée par un régime qui a trop peu accompli et duré trop longtemps, l'Égypte a perdu le sentiment de confiance qu'elle puisait au souvenir des temps pharaoniques. Elle résume et incarne ce qui ne va pas dans le monde arabe.

J'ai encore en mémoire certaines affiches sur les murs du Caire, en 1986, quelques mois avant les élections présidentielles qui allaient pour la première fois d'une longue série confirmer Hosni Moubarak à la présidence du pays. Des portraits de Nasser étaient suivis de portraits de Sadate eux-mêmes suivis de placards verts qui rappelaient assez les peintures de Mark Rothko et représentaient la force montante de la politique égyptienne, les Frères musulmans. Le message était clair :

« Égyptiens, vous avez essayé le nationalisme arabe avec Nasser, puis le nationalisme égyptien avec Sadate. Tous deux ont échoué. Pourquoi ne pas essayer le parti de Dieu, les Frères musulmans ? » Les Frères, aujourd'hui, servent même le régime, qui les utilise comme repoussoir, tant à l'intérieur qu'à l'extérieur, pour légitimer le *statu quo* politique.

Dieu comme choix. Dieu comme solution. Ils sont nombreux, dans le monde musulman, ceux qui ont choisi cette voie, finalement bouchée, car elle n'offre aucun outil pour affronter les défis de la modernité, auxquels chaque nation sur cette terre est tenue, d'une façon ou d'une autre, de répondre.

Humiliation et terrorisme

Beaucoup en Occident n'ont pas saisi que les idées islamistes, jusqu'aux plus extrêmes, celles qui prêchent la violence, aient trouvé des oreilles compréhensives non seulement chez les pauvres et les déshérités des pays arabes et musulmans, mais aussi chez ceux qui bénéficient d'un statut social et économique relativement élevé et ont fait des études. À l'instar des révolutionnaires dans l'Europe du XIXe siècle, les terroristes du XXIe siècle ne se recrutent pas parmi les plus pauvres. En fait, leur niveau de richesse et d'éducation se situe habituellement dans la moyenne, voire au-dessus. La raison en est simple : la culture de l'humiliation a affecté tous les niveaux de la société, des plus pauvres jusqu'aux plus riches et occidentalisés (certains de ceux qu'elle ne touche ni n'influence intellectuellement ont acheté leur tranquillité en finançant des groupes terroristes qui ne les menaçaient pas directement).

Considérons, par exemple, la vie et l'œuvre du grand érudit Edward Said, auteur du célèbre essai *L'Orientalisme*, en 1978[18]. Le livre est au moins en partie le produit du sentiment d'humiliation et d'aliénation que le plus assimilé des Arabes chrétiens ressentait. Si le critique littéraire le plus sophistiqué, par ailleurs pianiste amateur raffiné, peut dénoncer avec une telle passion l'« arrogance » avec laquelle l'Occident a considéré l'Orient, alors toutes les classes d'une société peuvent être unies sous cette même émotion. Et qui peut véritablement condamner Edward Said ? Il y a évidemment une part de vérité dans ce qu'il a ressenti et sur quoi il a écrit. Dans le processus de Barcelone, initié en 1990, et dont l'ambition était de réduire la fracture existant entre les deux rives de la Méditerranée, la bureaucratie européenne a été communément perçue comme « arrogante » par des interlocuteurs assez chatouilleux sur ces questions, qui ont vu, derrière sa « lourdeur », un manque de respect pour leur dignité. La question est aujourd'hui de savoir si l'Union pour la Méditerranée (UPM), lancée par le président français Nicolas Sarkozy en 2008, parviendra à créer un nouveau climat de tolérance et de respect pour la « dignité mutuelle » d'une rive à l'autre de la Méditerranée. C'est hélas peu probable.

Et la même culture de l'humiliation sous-tend l'attirance de nombreux musulmans pour la violence terroriste. Sans elle, comment les intégristes parviendraient-ils à convaincre un jeune musulman britannique instruit de tuer d'autres Britanniques dans un attentat-suicide contre le métro londonien ? Comment de jeunes Allemands convertis à l'islam ourdiraient-ils des attentats meurtriers contre leur propre pays ? Ces passions autodestructrices ont vu le jour grâce à une combinaison de facteurs psychologiques, culturels et socio-économiques, qui conduisent de l'humiliation à la violence. Dans un rapport récemment rendu public, intitulé *Radicalization in the Western World : the Domestic Threat* (« Radicalisation dans le monde occidental : la menace intérieure »)[19], la police new-yorkaise (NYPD) décrit le processus par lequel s'est formé en Occident un djihad autonome, qui n'est ni guidé, ni contrôlé, ni même financé par Al-Qaida, mais qui s'en inspire pourtant. Le rapport conclut que la quête d'identité et l'échec de l'intégration socio-économique jouent un plus grand rôle que l'oppression, le désespoir ou l'esprit de vengeance comme incubateurs de la radicalisation.

Le sentiment que le monde musulman est, en termes géopolitiques, agressé a joué un rôle crucial dans la montée de l'intégrisme moderne et du terrorisme encouragé par ce dernier. Considérons, par exemple, l'invasion soviétique en Afghanistan. Émotionnellement, c'est un point d'inflexion symbolique, après la grande humiliation de la guerre des Six Jours, en 1967. Les islamistes rejoignent de toutes parts les rebelles afghans en lutte contre les Soviétiques (clandestinement aidés par l'autre superpuissance, les États-Unis). Le succès inattendu des rebelles offre la preuve qu'une superpuissance – quand bien même serait-elle déclinante – peut être vaincue par un mouvement national islamique.

Certes, la défaite de l'Union soviétique en Afghanistan ne suffisait pas à alléger le sentiment d'humiliation dont souffrait l'Islam, puisque l'Occident en était tenu comme le principal responsable. Mais elle renforça le désir de vengeance des intégristes, avec les résultats qu'on sait : le 11 Septembre et tous les événements qui en découlent.

L'approfondissement du conflit israélo-palestinien a aussi encouragé les terroristes : il a freiné leur condamnation par les Arabes et les musulmans. Car si les attentats font des victimes innocentes, que dire des souffrances et de l'injustice infligées aux Palestiniens ? Au moins les terroristes, même de façon négative, redressent-ils les torts faits aux populations arabes et musulmanes. Cette façon de voir se fissure toutefois, à mesure que le terrorisme islamiste s'en prend à des musulmans, qui sont même devenus sa cible principale en Irak.

Mais son couplage avec la quête identitaire mentionnée plus haut a permis aux diverses théories du complot de se répandre comme traînée de poudre. Dans les mois qui ont suivi le 11 Septembre, nombre de chauffeurs de taxis parisiens d'origine nord-africaine à qui j'ai eu affaire m'ont expliqué que les attentats avaient été perpétrés par des agents du Mossad israélien. Considéraient-ils que des Arabes, seuls, auraient été incapables de commettre un tel exploit ? La théorie, bien sûr, était absurde, mais ils y croyaient. Peut-être leur permettait-elle de résoudre un conflit interne, le déchirement entre la fierté et la honte que suscitaient en eux les actions d'Al-Qaida. L'écrivain d'origine pakistanaise Mohsin

Hamid exprime bien cette ambivalence dans son roman à succès *L'Intégriste malgré lui* [20].

Le dilemme de l'Occident

Les choix qui se présentent à l'Occident sont de nature duale, car ils concernent et la façon dont il doit traiter ses « propres musulmans » et la conduite qu'il lui convient adopter à l'égard de l'Islam en général. L'humiliation, par essence, est tout autant culturelle que socio-économique. Le désespoir de beaucoup d'Arabes et de musulmans prend sa source dans un profond sentiment d'aliénation à l'égard de la plus grande part du monde moderne, frustration d'autant plus douloureuse qu'elle ravive les cicatrices d'un passé colonial encore proche. Il n'est pour s'en convaincre que de comparer les huées que firent pleuvoir sur l'équipe de France de football, en 2001, lors d'un match amical avec l'Algérie, des supporteurs français d'origine algérienne, avec l'attitude des Allemands d'origine turque lors de la Coupe du monde de 2008, qui soutinrent d'un même cœur leurs deux équipes préférées. La différence tient au fait qu'il n'y a pas de contentieux colonial entre l'Allemagne et la Turquie. Alors qu'entre l'Algérie et la France, l'histoire a du mal à passer.

Après la guerre du Golfe de 1991, les Arabes se sont sentis exclus du monde occidental (comme si, d'Irak en Algérie, ils se ressemblaient tous). Après le 11 Septembre, les musulmans se sont sentis exclus du monde lui-même (comme s'ils étaient tous des terroristes en puissance). Et après l'explosion de violence qui a secoué les périphéries des grandes villes françaises en 2005, les musulmans français se sont sentis exclus dans leur propre pays, relégués au rang de « banlieusards » (comme s'ils habitaient tous les taudis des banlieues pauvres et « à risques »).

Il ne fait aucun doute que les musulmans européens, ceci particulièrement en France, souffrent d'une ségrégation politique, sociale, sexuelle et urbaine. Politiquement, on les considère avec méfiance en raison de leur culture et de leur religion ; socialement, en raison de leur nom et de leur adresse. Ils ont du mal à trouver du travail, dans une société où le chômage, particulièrement chez les jeunes, est élevé. Sexuellement, ils ont des difficultés à rencontrer des partenaires. Qui souhaite tomber amoureuse d'un jeune homme sans avenir, issu, qui plus est, d'une culture qui tend à opprimer les femmes ? Et d'un point de vue urbain, ils vivent dans des ghettos, si près et pourtant si loin des villes, dont les lumières, le dynamisme et la splendeur ne rendent que plus amère leur misère quotidienne. Alors ils brûlent des écoles (symboles républicains d'une mobilité sociale qui les a oubliés) et des autos (symboles capitalistes d'une mobilité physique dont ils ne peuvent jouir). Après les émeutes de novembre 2005 en France, le nombre d'opinions négatives à l'égard des « immigrés » est monté en flèche dans les sondages (passant de 38 % à 56 % en une année). Dans les zones urbaines, les musulmans représentent 70 % à 80 % de la population carcérale, tandis qu'ils ne forment que 15 % de la population urbaine totale française. L'explication socio-économique est évidente. J'ai récemment été invité à la cérémonie de naturalisation d'une de mes amies, qui allait ce jour-là « devenir » française. Les futurs citoyens français attendaient dehors, dans la pluie et le froid. L'agent de police, chargé de les faire entrer dans l'annexe de la Préfecture où la cérémonie devait se tenir, leur intima, sur un ton sec et déplaisant, de se mettre en file et de faire la queue « convenablement », sinon « personne n'entrera[it] ». Tandis que je patientais avec mon amie, je ne pus m'empêcher de me remémorer les États-Unis, la première fois où j'avais assisté, là-bas, à une cérémonie de naturalisation, dans une ambiance solennelle, presque religieuse. Et dans la pluie et le froid j'eus honte pour mon pays. C'était une épreuve de force et de volonté que de franchir cette porte étroite conduisant à la pièce où l'on allait nous recevoir. L'embarras, sinon l'hostilité étaient sensibles ; finalement, la famille et les amis ne furent pas autorisés à entrer. Le langage corporel des agents de la force publique exprimait ouvertement la méfiance, quelque chose qui voulait dire : « Vous allez devenir français, mais méritez-vous un tel honneur ? » Même si les « banlieusards » n'ont pas à subir ce genre de cérémonie, parce que la plupart sont nés français, la façon dont furent traités ce jour-là des Européens de l'Est, des Noirs d'Afrique et des Asiatiques dénotait un climat de suspicion qui n'est guère propice à l'intégration. Où étaient les valeurs de la République ? Où était la « Fraternité » ?

Pour les jeunes des banlieues, l'humiliation tient avant tout, comme nous l'avons déjà évoqué, à une quête d'identité. Leurs difficultés d'intégration en tant que

Français et leurs racines – en Algérie, au Maroc, en Tunisie – aliénées font trop souvent d'eux des orphelins sans identité nationale. Dans les trois pays d'Afrique du Nord qui connurent la « mission civilisatrice » de la France, en particulier en Algérie, qui faisait partie intégrale du territoire français, on enseignait aux enfants que leurs ancêtres étaient « gaulois », et que la Méditerranée traversait la France comme la Seine Paris. On les dépossédait, ni plus ni moins, d'une histoire qu'ils n'avaient aucun moyen de connaître par eux-mêmes. Ils n'étaient pas traités en futurs citoyens français, mais en « indigènes », bons pour le service militaire, mais pas pour la citoyenneté. En d'autres termes, ils pourraient mourir en Français, mais ils n'auraient pas le droit de vivre en Français.

Bien sûr, la réalité est aujourd'hui moins tragique et moins caricaturale, mais malgré quelques rares succès individuels, il n'existe pas d'Obama français, allemand ou anglais, qui proviendrait des communautés noires ou musulmanes de ces trois pays. C'est dans ce contexte que l'islam devient l'identité première d'un jeune homme : « Je ne suis pas vraiment français, je ne suis plus algérien, qui suis-je sinon un musulman ? »

En Grande-Bretagne, les citoyens d'origine pakistanaise souffrent de la même angoisse identitaire, renforcée par le fait que l'identité nationale pakistanaise est pour le moins problématique. Que peut signifier un concept comme celui de « nation islamique » ? L'islam est-il alors une culture, une religion ? Il y a plus de musulmans en Inde qu'au Pakistan. Le Pakistan est-il une construction artificielle, une excroissance arbitraire de l'histoire, incapable de devenir une nation ? Comment ces questions peuvent-elles jouer sur le sentiment de soi-même et sur celui d'appartenance à un peuple, dont les êtres humains ont besoin pour se sentir pleinement en sécurité ?

Des considérations moins nobles semblent en même temps entretenir le sentiment d'humiliation. « *My Brother the Bomber* » (« Mon frère le poseur de bombes »), passionnante étude sur l'un des terroristes responsables des attentats du 7 juillet 2005 à Londres, publiée par le magazine *Prospect* en juillet 2007, traque les racines de la violence dans les querelles familiales et dans les tensions entre plusieurs générations de Pakistanais anglais[21]. La jeune génération utiliserait l'islamisme – ici le fondamentalisme wahhabite – comme une sorte de théologie de la libération. Otages d'inextricables dilemmes, tant dans leur vie religieuse que sexuelle et familiale, ces jeunes hommes sont une proie facile pour les discours captieux des extrémistes religieux, qui prétendent, par la destruction et la mort – la leur le cas échéant –, redonner un sens à leur vie aliénée et solitaire.

Ainsi le sentiment d'humiliation arabo-musulman, encouragé par une vie de pauvreté et d'isolement au sein du monde moderne, nourrit-il, comme il s'en nourrit lui-même, un sentiment de déclin dans l'histoire. Plus vous croyez que vous et votre civilisation furent par le passé le centre du monde, plus grande sera l'humiliation que vous ressentirez de votre état présent. Ce glorieux passé n'a rien de réconfortant ; il est au contraire une immense source de frustration, du moins pour les Arabes et les musulmans qui connaissent cet ancien âge d'or et en sont hantés.

Il ne s'agit là que d'une minorité, indéniablement. Les jeunes musulmans des banlieues françaises ne sont pas motivés par la nostalgie de la gloire arabe lorsqu'ils se mettent à brûler des voitures. Pas plus qu'ils ne se préoccupent, au départ, de questions politiques comme celle du conflit israélo-palestinien. Pour le jeune musulman moyen, le Proche-Orient n'est justement pas si proche, et qui plus est compliqué (quel camp choisir, Hamas ou Fatah ?).

Il n'empêche. Les fantasmes géopolitiques de gloire passée – avec les espoirs de restauration qu'ils engendrent – font aujourd'hui pleinement partie de la culture de l'humiliation. Les fondamentalistes extrémistes rêvent de restaurer le « Califat » et aspirent à la « Reconquête ». Et si peu de musulmans les prennent au sérieux, leurs déclarations n'en encouragent pas moins les Cassandre du monde occidental, et notamment ceux qui prédisent que l'Europe est condamnée à devenir une « Eurabia » islamisée.

Que faire ?

La culture musulmane de l'humiliation, à laquelle l'Occident a contribué, pose aux dirigeants occidentaux toutes sortes de questions.

La première tient au « choc des civilisations » de Samuel Huntington. Peut-on parler de quelque chose d'inhérent aux cultures musulmane et chrétienne qui rendrait le conflit entre elles inévitable ? Si l'on s'attache à la dimension émotionnelle du problème, comme nous le faisons dans ce livre, certaines distinctions doivent immédiatement être établies.

Et d'abord au sujet de ce que nous appelons monde arabe et monde musulman. Si l'expression « culture de l'humiliation » a un sens, elle s'applique surtout au monde arabe. Là réside le cœur du problème, là encore la plus grande humiliation est-elle ressentie. Mais il est très difficile de séparer le monde arabe du monde musulman. Car que serait l'islam sans les Arabes, sans la langue, la culture, la civilisation arabes ? Si de nombreux Arabes en quête d'identité trouvent un refuge dans le fait d'être musulman, il est difficile, pour un musulman, d'être indifférent aux émotions arabes.

Cette interpénétration des émotions arabes et de la culture de l'humiliation permet d'expliquer le manque de mobilisation populaire dans le monde musulman au sens large contre les paroles et les actes les plus inacceptables des intégristes islamistes. Des manifestations criant « Pas en notre nom ! » se sont effectivement tenues après le 11 Septembre, mais elles furent l'exception plutôt que la règle.

Certes, la faiblesse relative de la mobilisation contre la violence a de nombreuses causes. Le manque d'organisations nettement définies et de dirigeants représentatifs au sein des communautés musulmanes, notamment dans le monde occidental, sans parler des divisions profondes qui marquent l'islam, n'a pu que contribuer à cette atonie. Mais il y a plus que cela : le sentiment que si condamnables qu'aient été les attaques du 11 Septembre, et quand bien même elles auraient eu des conséquences négatives pour les communautés musulmanes dans le monde, elles étaient néanmoins compréhensibles. L'arrogance de l'Amérique devait être punie.

Les musulmans ne furent pas les seuls à entretenir de telles pensées. Certains intellectuels, comme Jean Baudrillard en France, exprimèrent dans leurs écrits postérieurs au 11 septembre des sentiments similaires[22]. Et aucune simplification n'est plus fausse – ni plus dangereuse – que l'assimilation de l'islam et même des islamistes au terrorisme. C'est jouer le jeu de ceux des islamistes qui clament que la « guerre contre le terrorisme » n'est qu'un euphémisme occidental pour ce qui signifie réellement la « guerre contre l'islam ». Il est également évident que les liens entre religion et terrorisme ne sauraient concerner que le seul islam. Yigal Amir, qui assassina Yitzhak Rabin en 1995 « sur un ordre de Dieu » était un juif ultra-orthodoxe et ultra-nationaliste. Catholiques et protestants ont recouru au terrorisme pendant tout le cours de l'histoire récente de l'Irlande. Le gouvernement espagnol a d'abord désigné l'ETA comme coupable des attentats à la bombe de Madrid, le 11 mars 2005.

Néanmoins, tant de musulmans de par le monde s'identifient avec la culture arabe de l'humiliation que le terrorisme anti-occidental est au moins assuré d'une certaine sympathie dans la communauté musulmane.

Or ce serait une terrible faute pour l'Occident de mettre tous les terroristes – et bien sûr tous leurs sympathisants – dans le même panier. Car les terroristes aussi obéissent aux lois de la diversité, pour ce qui concerne tant leurs identités que leurs objectifs. Émotionnellement et d'un point de vue américain, on peut comprendre la déclaration d'une guerre mondiale contre le terrorisme après le 11 Septembre. Mais c'était une politique vouée à l'échec. Quoi que puisse en dire Philip Bobbitt dans son dernier livre, *Terror and Consent : the Wars for the 21st Century* (« Terreur et consentement : les guerres à venir du XXIe siècle »)[23], le terrorisme n'est pas un ennemi. C'est une tactique, qui continuera d'être utilisée aussi longtemps qu'on la jugera efficace.

L'Occident peut gérer le problème du terrorisme et le réduire à un niveau de menace acceptable. Quelques centaines seulement de terroristes sont considérés dangereux dans des pays comme la France ou l'Allemagne, qui abritent respectivement cinq et trois millions de musulmans. Et le terrorisme use ses adeptes assez rapidement. « On ne peut être révolutionnaire toute sa vie », disait Lénine. Il en va de même si l'on est terroriste (outre une espérance de vie par définition réduite). Et si la guerre contre le terrorisme – qu'il est impossible d'éradiquer une fois pour toutes – ne peut être gagnée, celle que mènent de leur côté les terroristes ne les conduira jamais, non plus, à la victoire. Leurs cibles en revanche peuvent s'infliger à elles-mêmes une défaite, si elles cessent de croire en leur cause et violent dans leur lutte les valeurs qu'elles défendent. Cette réalité cardinale, chaque dirigeant occidental devrait s'en souvenir, et les citoyens la garder en tête lorsque des démagogues exagèrent sciemment, par calcul politique, la menace terroriste.

Au-delà de l'encouragement du terrorisme, cette culture de l'humiliation a d'importantes conséquences. Comme je l'ai déjà fait remarquer, de nombreux Arabes ont à l'égard de l'Iran des sentiments mêlés. Bien que son développement puisse les effrayer, ils admirent son radicalisme, car voilà un pays qui ose affronter l'Occident et sa créature, Israël. La direction actuelle, à Téhéran, se réjouit de cette réalité émotionnelle. Hossein Shariatmadari, rédacteur en chef du journal conservateur *Kayhan* et thuriféraire influent de la révolution islamique, remarque : « Les Iraniens ont leur dignité, et le temps des brimades est terminé. » Puis il ajoute : « Si Téhéran intervient sur les questions arabes, comme en Palestine ou au Liban, c'est parce que les gens y défendent le monde et l'identité islamiques. Pour l'Iran, le choix ne se pose pas : il faut les soutenir[24]. »

Certaines voix dans le monde arabe sont profondément conscientes des problèmes engendrés par la culture de l'humiliation. Dans son dernier livre, *Considérations sur le malheur arabe*, publié avant qu'il ne soit assassiné, à Beyrouth, Samir Kassir, le plus célèbre des éditorialistes du quotidien libanais *An Nahar*, relevait que le pire, dans ce malheur, était que les Arabes refusaient d'en sortir[25]. Pour lui, l'islamisme djihadiste est « le seul courant à offrir aujourd'hui une voie de sortie hors du statut de victimes que les Arabes se complaisent à entretenir ». D'où, bien sûr, son pouvoir d'attraction.

La culture de la mort, observe Kassir, s'inscrit dans ce profond malheur. Si la victoire est hors de portée, « sang pour sang, autant que ce sang-là console à défaut de vaincre ». Cette logique, qui ressemble à celle de la vendetta, fut poussée à son paroxysme au cours des dix dernières années : « La mort n'est plus un prix possible ou même probable, mais le moyen indispensable à la fin recherchée voire une fin en soi. »

La seule solution, écrit Kassir, est un changement d'attitude. Le monde arabe doit mettre en perspective son malheur : « Cela passe d'abord par une remise en perspective de la Victime, autrement dit une relativisation du statut de victimes auxquelles les sociétés arabes se sont accoutumées : non pas en cultivant une logique de puissance ou l'esprit de revanche mais en acceptant l'idée que, malgré les défaites, le XXe siècle aura apporté aux Arabes nombre d'acquis grâce auxquels ils peuvent participer à la marche du monde. »[26]

Voie étroite, dont le terme est encore loin. Sur l'ensemble de la population des vingt-deux pays de la Ligue arabe, bien que le taux d'alphabétisation ait doublé chez les adultes et triplé chez les femmes au cours des trente dernières années, les femmes, précisément, demeurent analphabètes à 60 %. Dans les sociétés développées, les femmes sont le véhicule du progrès et de la modernité – non plus seulement celui de la survie de l'espèce, mais de l'espoir, en grande partie parce qu'elles désirent plus encore le changement que leurs homologues masculins. Un système, comme l'islam traditionnel, qui exclut les femmes, se condamne lui-même à l'arriération et à la corruption, et s'il investit sa puissance dans la religion, si l'interprétation dominante de cette religion est hostile à la modernité et au changement, il ne pourra pas progresser.

De ce point de vue, la question du foulard est l'une des plus émotionnelles et des plus chargées de symboles qui soient. La France a voté une loi pour interdire aux filles, depuis la maternelle jusqu'au lycée, de porter le foulard. Je ne suis pas un partisan enthousiaste de cette loi, bien que je comprenne sa logique. La France est un pays jacobin, où la laïcité – c'est-à-dire la défense de la neutralité de l'État du point de vue religieux –, est elle-même devenue une religion. L'identité musulmane, lorsqu'elle comprend le port du foulard, s'affiche forcément, dans ces conditions, comme une menace envers la société civile. Lorsqu'à ma descente du train, en arrivant à Londres à la gare de Saint-Pancras, je suis accueilli par une femme agent de police, en uniforme, mais portant un foulard discret qui rappelle son identité, je ne suis pas choqué. Au contraire : je vois là le triomphe de la tolérance et de la diversité.

D'un autre côté, le *niqab*, qui couvre corps et visage, ne permettant le regard que par une fente étroite laissant à peine voir les yeux, me semble en contradiction complète avec les valeurs de l'Occident et ce qu'elles sous-tendent dans notre vie quotidienne. Ce qui caractérise la civilisation occidentale, c'est le culte de l'individu, et ce qui distingue les gens les uns des autres, c'est, précisément, leur visage et leur regard. Voilà pourquoi le portrait est à ce point important dans le développement de l'art occidental. Pour cette philosophie de la vie, rien n'est plus précieux, n'est plus unique que les yeux d'une personne – le « miroir de l'âme ». Et si je ne peux les voir dans son visage, ces yeux, cette personne cesse d'exister. Comment pourrait-elle vivre en société ?

Les autorités françaises ont récemment refusé la nationalité à une femme mariée vivant en France qui portait le *niqab*. Je dois dire que je n'ai pas été choqué par cette décision. La tolérance pour le système de valeurs de l'Autre cesse dès lors qu'il vient saper mes propres valeurs. Le relativisme culturel absolu – l'idée que chacun peut faire ce qu'il veut, sans limites – est un danger aussi grand que l'intolérance, car il conduit à une sorte de neutralité cynique et à la perte de tout principe.

Néanmoins, ce ne sont pas des problèmes faciles à résoudre pour l'Occident. Nous devons défendre nos propres valeurs et encourager le monde arabe à se montrer moins rigide, à tempérer sa position défensive, fruit d'une culture de l'humiliation. Mais pourrons-nous y parvenir sans lui imposer, en effet, nos propres principes, sans renforcer la perte d'autonomie et le sentiment d'oppression qui en découle, premier générateur d'humiliation et de ressentiment ?

L'un des drames du monde arabe – et l'une des raisons de la perpétuation de cette culture de l'humiliation – tient au fait que ses meilleurs connaisseurs sont pour la plupart des Occidentaux. Ce qui signifie que trop d'Arabes voient leur propre histoire, lorsqu'ils la regardent, à travers les yeux de l'Autre. Il leur faut trouver une voie qui leur permette à la fois d'appréhender une histoire dépassionnée et de se l'approprier. Mais elle ne sera praticable que lorsque des réformes politiques auront créé un environnement propice à la poursuite d'études sereines. Aussi longtemps que régneront l'insécurité et la corruption, ce progrès vital demeurera probablement un vœu pieux.

Réformes politiques, progrès économique, enrichissement culturel et changements psychologiques ou émotionnels, tout cela est intimement lié. Et se résume à une question : la confiance en soi.

Que dire de la grande exception à nos généralisations sur la culture de l'humiliation dans le monde arabo-musulman : les monarchies du golfe Persique ? Elles ont créé un espace de prospérité et de stabilité dans un environnement agité. Politiquement, ce sont à vrai dire des oligarchies classiques où l'autocratie de la tradition « bédouine » se trouve tempérée par le dialogue avec les autres et la prise en compte de leurs intérêts. Le « despotisme éclairé » des familles régnantes est encouragé par un sentiment de fragilité. Au-delà de la menace terroriste, toujours présente, il y a la menace démographique. À l'exception de l'Arabie saoudite (qui n'entre pas dans la catégorie des régimes éclairés) et du sultanat d'Oman, la population locale est en nette minorité (elle représente seulement 15 % dans les Émirats arabes unis et 20 % au Qatar). Et même si certains Émirats, comme Dubaï ou Bahreïn, ont déjà dépassé l'ère du pétrole et fondent désormais leur prospérité sur le commerce – on parle parfois de Dubaï comme la plus grande machine à laver l'argent du monde –, pétrole et gaz, dont les gisements sont considérables et les coûts d'extraction faibles, y forment toujours le socle de la confiance. Malheureusement, à moins de croire très fort en l'homéopathie, ces États ne peuvent servir de modèle au reste du monde arabo-musulman. Ils ont fait de considérables progrès, mais ceux-ci sont trop vides de contenu spirituel pour inspirer autre chose que l'envie ou la jalousie. Qu'Abu

Dhabi construise, avec l'aide de la France, son « musée du Louvre » local et son « université de Paris-Sorbonne » ne change rien à l'affaire. Ces progrès sont en outre fragiles. Qu'en restera-t-il dans le monde de l'après pétrole ? Et la fragilité de Dubaï a éclaté au grand jour en novembre 2009 avec la quasi-mise en faillite de l'Émirat.

Un pays porte l'espoir d'une renaissance arabe – si celle-ci doit advenir dans un futur prévisible –, c'est l'Égypte. Mais le vieil empire du Milieu du Moyen-Orient peut-il en être le berceau ? C'est aussi souhaitable que peu probable.

Si les réformes positives ne viennent pas du cœur du monde arabe, peuvent-elles venir des franges de l'islam ? Un islam européanisé marquerait-il un pas vers la normalisation des rapports qu'entretient l'islam tout entier avec lui-même, nécessaire à une autre normalisation, celle de ses relations avec le reste du monde ? Il ne s'agit pas nécessairement d'un rêve irréalisable. Il présuppose l'émergence d'une nouvelle génération de théologiens et d'intellectuels musulmans, désireux de contribuer à la renaissance d'un islam éclairé. Il requiert aussi la multiplication et l'essaimage des réussites personnelles de jeunes musulmans européens, dans tous les milieux, du commerce à la politique, de la science aux arts. L'espoir existe. Il n'est qu'à considérer, par exemple, la place de plus en plus grande que tiennent dans le nouveau cinéma européen des metteurs en scène allemands d'origine turque, anglais d'origine indienne ou français d'origine algérienne ou marocaine. Tous sont la preuve vivante et neuve de la créativité d'un islam européanisé.

Si cette renaissance culturelle se confirme, l'islam européanisé pourrait fournir un modèle et devenir une source d'espoir pour les musulmans du monde. Il y aura toujours des extrémistes, mais c'est à la puissance de la culture de l'humiliation qu'ils doivent leur emprise actuelle. Il suffirait de briser cette puissance en démontrant la viabilité d'un choix différent et une vague d'espoir se lèverait dans tout l'Islam.

V

LA CULTURE DE PEUR

L'homme qui est en danger,
Quand il en réchappe oublie ses peurs
– Et parfois aussi ses promesses.

Euripide
Iphigénie en Tauride

Nos doutes sont des traîtres
Et nous font perdre ce que maintes fois
nous aurions obtenu
Si nous n'avions par peur tergiversé.

William Shakespeare
Mesure pour mesure (I, IV)

L'Occident est-il possédé par la peur comme l'Asie est grandie par l'espoir et le monde arabo-musulman paralysé par l'humiliation ? Ce chapitre vient après ceux consacrés à l'espoir et à l'humiliation, car l'émotion qui étreint l'Occident apparaît surtout comme une réaction aux événements et aux sentiments se produisant et se manifestant ailleurs. Pourquoi l'Asie est-elle sur le point de nous surpasser économiquement ? Pourquoi les intégristes tentent-ils de nous détruire ? Pour la première fois en plus de deux siècles, l'Occident ne donne plus le *la*. La perception de notre vulnérabilité et de notre décalage vers les marges est au cœur de notre crise d'identité, laquelle se résume à une question : « Que nous arrive-t-il ? » Nous maîtrisions nos vies et nos identités collectives, nous pensions responsables de ce qui se passait dans le monde. Si nous avions frôlé l'autodestruction lors de la Première Guerre mondiale et avions, lors de la Seconde, laissé libre cours à nos pulsions de meurtre et de suicide, du moins s'agissait-il de nos « propres » folies…

Le chapitre qui va suivre est nécessairement différent des précédents, car l'auteur de ces lignes est partie prenante de la culture qu'il décrit. Je n'ai pas cette distance confortable qui me permettrait de me concentrer sur l'essentiel et d'examiner en perspective événements et sentiments. Et non seulement je suis occidental, mais français ; je cours donc le risque d'attribuer aux autres Européens des façons de sentir ou des émotions qui ne sont guère que celles des Français. Je tenterai néanmoins de m'éloigner de mon propre monde afin de le soumettre à l'analyse, comme si j'en étais aussi détaché que je peux l'être de l'Asie ou du Moyen-Orient.

Pour répondre à la question précédente, la crise d'identité qu'affronte le monde occidental peut se résumer à l'aide d'un concept : la peur. Mais un même mot décrit des réalités différentes. Ainsi les États-Unis ont-ils peur du déclin et l'Europe craint-elle de perdre sa raison d'être. Ces deux peurs ne doivent pas être confondues. Lorsque l'Amérique pense à Rome, l'Europe voit se profiler le spectre de la Suisse et la hantise de devenir une *Magna Helvetia*.

Nous ne simplifierons pourtant pas à l'excès en affirmant qu'aujourd'hui la peur réunit les deux « branches » de l'Occident, l'Amérique et l'Europe – qu'elle pourrait aussi bien séparer demain si l'Amérique, sous l'impulsion de son jeune et nouveau président, se dépouillait de sa peur pour retrouver sa traditionnelle culture de l'espoir, et si l'Europe, en dépit de la ratification du traité de Lisbonne, s'embourbait dans son manque d'assurance. Ce serait une curieuse évolution. Se pourrait-il qu'au moment même où ils se rapprochent politiquement, les États-Unis et l'Europe soient emportés vers deux cultures émotionnelles divergentes : l'espoir pour l'Amérique, la peur pour l'Europe ?

À l'heure où j'écris ses lignes, nous n'en savons rien. La crise d'identité du monde occidental s'exprime toujours par la réalité émotionnelle de la peur. Barack Obama a été élu en novembre 2008, mais il est beaucoup trop tôt pour dire s'il saura instiller à l'Amérique, à force de résultats positifs, le sentiment d'un espoir qui soit autre chose qu'une simple « bulle », passagère et superficielle.

Quelles que soient leurs différences, réelles ou perçues, les deux branches du monde occidental sont face au même défi : reconnaître que la mondialisation a cessé de leur appartenir. À l'inverse, les nouvelles puissances, la Chine, l'Inde, la Russie et le Brésil, sont également confrontées à un défi commun, celui de la responsabilité, inévitable contrepartie de la puissance, et doivent comprendre qu'elles ne pourront plus faire cavalier seul.

Qu'est-ce que la peur ?

Si l'espoir est assurance et l'humiliation manque de confiance en soi, qu'est-ce que la peur ?

Dans son acception la plus commune, la peur est une réponse émotionnelle à la perception d'un danger imminent, réel ou exagéré. Elle induit un réflexe de défense, qui révèle et reflète l'identité et la fragilité d'une personne, d'une culture ou d'une civilisation à un moment donné. « Dites-moi ce qui vous fait peur et ce que vous allez faire pour surmonter cette peur, je vous dirai qui vous êtes. » Mais la peur n'est pas seulement un traceur émotionnel, c'est aussi une réalité multiforme.

Certes, la peur offre une indispensable protection contre l'excès de confiance. Elle est un facteur de survie dans un monde naturellement dangereux. Le lapin qui n'a pas peur du chasseur ne vivra pas longtemps. Le touriste qui voyage dans les zones tribales aux confins du Pakistan et de l'Afghanistan sans prendre les précautions que lui dicte sa peur est inconscient et irresponsable. La peur stimule l'attention qu'on porte au monde extérieur et fonctionne comme un avertisseur ; elle participe de l'instinct de survie. Elle peut aussi engendrer l'espoir. La peur d'une nouvelle guerre entre la France et l'Allemagne après la Seconde Guerre mondiale fut un facteur décisif de la construction européenne.

Mais la peur, lorsqu'elle est excessive, devient dangereuse. En être obsédé, sincèrement ou par calcul, nuit gravement à la capacité d'interagir avec les mondes des autres, à l'intérieur comme à l'extérieur. « La peur est un mauvais maître, et parfois exécrable. Elle installe une angoisse générale qui est au mieux gênante, au pire, parfaitement contre-productive », avertit Peter N. Stearns, en introduction de son livre *American Fear* (« La Peur américaine »)[1].

Au cours des dernières années, une peur excessive ne s'est-elle pas substituée à la peur légitime et ne commence-t-elle pas à mettre en péril l'essence de l'Occident, sa capacité à interagir avec le monde, voire son unité ? En d'autres termes, la peur n'a-t-elle pas engendré un processus de prophétie « pléonastique », qui finit effectivement par se réaliser à force d'être donnée pour vraie ?

Beaucoup de gens, tant aux États-Unis qu'en Europe, se hérisseraient d'une telle question. Il ne manquerait pas d'Américains pour refuser ce lien entre l'Europe et les États-Unis, et pour insister, en revanche, sur la distinction entre une « culture de la faiblesse » – européenne – et une « culture de la puissance » – américaine. D'autres affirmeraient que la peur de l'« islamo-fascisme » (pour reprendre un terme en vogue chez les néo-conservateurs) ne saurait être surestimée, surtout après les attaques du 11 Septembre. D'autres encore, en Europe cette fois, s'insurgeraient contre toute analyse susceptible de confondre les pays du continent, soulignant les différences – réelles – des réponses politiques et sociales qu'apportent les divers peuples d'Europe aux menaces qu'ils perçoivent en ces premières années du XXIe siècle.

Il serait évidemment plus convenu et plus rassurant d'évoquer l'Occident en termes de démocratie plutôt que de peur, puisque nos institutions politiques démocratiques sont censées constituer le lien puissant entre tous qui réunit l'Europe aux États-Unis. Malheureusement, cette vision classique, fondée sur des valeurs et non sur des émotions, ne rend pas compte de la nouveauté essentielle de notre époque, à savoir que d'une rive à l'autre de l'Atlantique les gens ne sont plus aussi fiers de leur modèle démocratique et des dirigeants qu'ils ont élus. C'est du moins ce qu'expriment les enquêtes de confiance sur les politiques menées et les politiciens qui les animent dans une majorité de pays européens, mais aussi aux États-Unis, où le désir de changement s'accompagne d'une certaine désillusion (voir le récent sondage effectué par le Pew Research Center[2]).

Certes, les citoyens des pays démocratiques n'ont jamais été les derniers à dénoncer les défauts et les échecs tant de leurs politiciens que de leurs institutions. Comme le veut la célèbre formule de Churchill, la démocratie est le pire système de gouvernement qui soit, à l'exception de tous les autres. Mais force est de constater que le sentiment de désillusion qui affecte aujourd'hui les démocraties occidentales est nouveau, douloureusement réel, et qu'il se répand. Je pense qu'il existe un lien entre le processus actuel de mondialisation et le fléchissement de l'idéal démocratique. Ce lien peut être ainsi récapitulé, au risque de choquer : la culture de la peur réduit le fossé qualitatif qui existait autrefois entre les démocraties et les régimes non démocratiques, car elle pousse nos pays à violer leurs propres principes moraux, fondés sur le strict respect de l'État de droit. Si nous continuons à prêcher des valeurs que nous ne mettons plus en pratique, nous perdrons notre poids moral et notre pouvoir d'attraction – même s'il existe encore, j'en suis pleinement conscient, une différence de nature et non seulement de degré entre une démocratie imparfaite et, dirons-nous, des pays comme la Chine et la Russie.

Il nous faut aussi relativiser la nouveauté de cette « peur » occidentale. En elle-même, la peur n'a rien de nouveau, et elle a déjà déterminé des cycles politiques et culturels en Europe aussi bien qu'aux États-Unis. La première tâche qui s'offrit à Franklin D. Roosevelt, après son élection à la présidence des États-Unis en 1932, fut de débarrasser les Américains de la culture de peur, engendrée par la Grande Dépression, qui s'était emparée du pays. Les États-Unis connurent une vague de panique similaire au début des années cinquante, avec le maccarthisme, mélange de paranoïa, de suspicion et d'exclusion. De la même façon, la période précédant la Seconde Guerre mondiale fut en Europe caractérisée par une culture de la peur – en l'occurrence d'une nouvelle guerre –, dont résultèrent aveuglement et passivité face à la montée du fascisme, du nazisme et du communisme soviétique.

Ces dernières années – et je ne crois pas qu'il ait vraiment commencé avec le 11 Septembre, qui n'a fait que le renforcer –, un nouveau cycle de la peur s'est installé dans nos consciences, à l'aune duquel l'Europe et les États-Unis présentent de nombreux traits communs. D'une rive à l'autre de l'Atlantique, on a en effet peur de l'Autre, de l'étranger qui viendrait envahir la patrie, menacer l'identité nationale et voler les emplois ; on a peur du terrorisme et des armes de destruction massives, entre lesquels il est facile d'établir un lien ; on a peur de la précarité économique, et même de l'effondrement de l'économie, depuis la crise financière qui commence en août 2007 avec la crise des subprimes et qui s'accélère en 2008 ; on a peur des catastrophes naturelles, environnementales et biologiques, du réchauffement de la planète aux épidémies. En somme, on a peur du futur, incertain, menaçant, sur lequel les êtres humains semblent avoir peu – ou pas – de prise.

Mais quelles que soient les ressemblances entre les peurs qui font frémir Européens et Américains, elles tirent leur origine de réalités différentes et s'expriment également de manières différentes. Elles doivent donc être analysées séparément, avant que nous puissions examiner comment elles s'influencent l'une l'autre et comment, ensemble, elles affectent le monde.

« Qui sommes-nous ? » La culture européenne de la peur

La première difficulté, lorsqu'on tente de définir cette culture européenne de la peur, tient au mot « Europe ». Désigne-t-il l'Union européenne ou, plus largement, une réalité culturelle et géographique ? Est-ce l'Europe telle que l'aurait construite l'héritage combiné de la Grèce, de Rome et des valeurs judéo-chrétiennes auquel est venue s'adjoindre la culture des Lumières ? Ou bien n'est-ce que ce club de messieurs – les dames sont tolérées – convenables, férus de démocratie et d'économie de marché, qui, après avoir incarné l'espoir pendant presque toutes les années d'après guerre, commencent depuis quelque temps à donner l'image de la peur ? Inutile d'ajouter que les émotions à l'œuvre dans l'Union européenne se manifestent au-delà même des ses confins.

« Ils ne mouraient pas tous, mais tous étaient frappés. » Dans la France du XVIIe siècle, Jean de La Fontaine recourait aux animaux pour dénoncer les maux de la société. Les premiers vers de sa fable « Les animaux malades de la peste » pourraient parfaitement illustrer la grande crise d'identité dont souffre l'Europe. Une crise encore aggravée par la peur de la récession économique et les attaques contre le pouvoir d'achat des citoyens européens, mais bien antérieure au premier choc de celle dite « des sub-primes ». Il suffit de regarder les informations télévisées, en France, en République tchèque et en Italie, pour en mesurer l'ampleur. Il n'est guère de soir sans qu'on assiste à des attaques lancées contre la rigidité des décisions anonymes de la Commission européenne, qui obligent toutes sortes d'actifs, qu'ils soient pêcheurs, agriculteurs ou restaurateurs, à toutes sortes de sacrifices. Et l'on voit moins aujourd'hui dans l'Europe une solution aux problèmes qu'une machine à en créer – la source de protection est devenue devoir imposé.

En termes symboliques, la chute du mur de Berlin, en 1989, a marqué l'apogée de la culture européenne de l'espoir. Moins de vingt ans plus tard, en 2005, Français et Hollandais votent « Non » au Traité constitutionnel et sont suivis par les Irlandais en 2008. Tels sont les signes visibles de l'émergence d'une culture de la peur sur le continent européen. En 1989, l'Europe célébrait la chute du Mur, qui semblait signifier la fin de sa partition. En 2009, elle donne l'impression de souhaiter l'érection de nouveaux murs, qui la protégeraient du monde extérieur, avec ses millions de concurrents, ses milliers d'immigrants et ses centaines de terroristes. Qu'est-il arrivé ?

Pour le comprendre, commençons par regarder en arrière, vers la période d'espoir qui commence sur les cendres de la Seconde Guerre mondiale. Époque de résurrection économique, de reconstruction, d'expansion, mais aussi d'extension du libéralisme et de la liberté ainsi que de stabilisation de l'unité internationale. Berceau de deux guerres mondiales, l'Europe devenait la région la plus pacifique et prospère de la planète, dotée d'un puissant éventail d'institutions et d'organisations internationales, depuis le Conseil de l'Europe, avec sa Convention européenne des droits de l'homme, jusqu'aux nombreuses structures qui allaient conduire à l'Union telle que nous la connaissons aujourd'hui et à l'euro, dans la promesse que tant de bienfaits s'étendraient à un nombre croissant de peuples du continent.

Pourtant, un examen plus attentif de cette période d'espoir montre combien elle fut pétrie de peur. La Communauté économique du charbon et de l'acier (CECA), lancé en 1950, embryon de l'Union européenne, répondait essentiellement à la peur d'un retour en arrière et d'un nouveau conflit armé entre la France et l'Allemagne ; la Communauté européenne de défense

(CED), finalement rejetée en 1954, un an après la mort de Staline, était une façon de conjurer la peur des chars soviétiques et d'un affrontement entre communisme et capitalisme qui, dans le prolongement de la guerre de Corée, aurait l'Europe pour champ de bataille ; enfin, plus récemment, l'euro fut porté sur les fonts baptismaux par la peur d'une résurgence du nationalisme allemand et de la supériorité économique d'une Allemagne réunifiée. Le chancelier Helmut Kohl l'affirmait sans ambiguïté : il se considérait comme le dernier « bon Allemand », c'est-à-dire le dernier chancelier ayant vécu la Seconde Guerre mondiale. Il pressa donc ses partenaires d'accélérer le bouclage du processus d'intégration et de parvenir à l'euro avant que les intérêts nationaux ne reprennent leurs droits et qu'il ne soit trop tard.

Cette peur positive – dans la mesure où elle a mobilisé de façon constructive les énergies internationales – était très différente de celle qui domine aujourd'hui l'Europe, qui produit, au contraire, un effet paralysant.

Certes, chaque pays d'Europe possède sa propre culture politique et sociale, et la peur française ne doit pas être confondue avec la peur britannique, pas plus que la peur polonaise avec la peur allemande ; il n'en reste pas moins que la peur est aujourd'hui la « couleur dominante » de l'Europe.

Pour comprendre les strates de peur accumulées, il est nécessaire de rassembler les facteurs historiques, politiques, économiques, sociaux et psychologiques, qui déterminent les relations que l'Europe entretient avec son passé. Nous pourrons ensuite analyser la façon dont elle perçoit son futur économique et stratégique, puis revenir à l'éprouvante quête d'identité qui la taraude aujourd'hui.

Le fantôme du passé

Il nous faut, pour comprendre le poids du passé, revenir à 1989. La chute du mur de Berlin, la fin de la guerre froide et l'effondrement de l'Empire soviétique, loin d'apporter à l'Europe une ère de paix, de démocratie et de prospérité, ont ramené la guerre dans son « arrière-cour », les Balkans. On ne saurait surestimer l'impact dévastateur qu'eut l'implosion de la Yougoslavie. Car à quoi imputer cette soudaine irruption d'un passé occulté ? Les années Tito avaient-elles fait de la Yougoslavie une sorte de « réfrigérateur socialiste » à l'intérieur duquel l'opposition des divers nationalismes s'était lentement, très lentement, envenimée au cours des décennies ? Ou bien le retour de la guerre en Europe préfigurait-il un avenir virtuellement fatal ?

Nous ne fûmes pas même capables, nous autres Européens, d'affronter ce désastre et d'y mettre un terme. Il fallut l'intervention des États-Unis pour imposer une paix fragile en Bosnie et au Kosovo. Encore les problèmes sous-jacents de l'Europe de l'Est, avec sa pauvreté et son vénéneux ragoût de passions nationalistes, demeurent-ils largement irrésolus, comme en témoignent notamment la Bulgarie et la Roumanie, qui ont du mal à contrôler la corruption.

Pour certains, la réponse tient à l'élargissement de la Communauté européenne : il faut faciliter l'accès à ce club de gentlemen et à sa formule magique de paix, de prospérité et de réconciliation ethnique. (Pour éviter la balkanisation de l'Europe, nous devons européaniser les Balkans et plus tard le Caucase, pourrait-on dire.) Mais la plupart des Européens de l'Ouest étaient et demeurent peu enthousiastes à ces perspectives d'extension, où ils voient plus un devoir moral et historique – ainsi qu'un risque politique et économique – qu'une occasion de se réjouir. D'un point de vue émotionnel, l'élargissement est venu trop tard, c'est-à-dire trop longtemps après la chute du Mur et l'élan de liberté qui s'est traduit par la réunification du continent européen. En revanche, d'un point de vue institutionnel, il s'est réalisé trop tôt, alors que l'« approfondissement » de l'Union n'était pas achevé. Comme l'a toujours maintenu Bronislaw Geremek, ce grand Européen, récemment disparu, ancien dirigeant de Solidarnosc, ancien ministre des Affaires étrangères de la Pologne : l'Europe n'est pas seulement un espace économique, c'est aussi une construction éthique, qui a besoin d'un cœur, qui se doit d'être une communauté chaleureuse, qui a une dimension spirituelle. Le professeur Geremek avait profondément raison. Mais combien d'Européens ont pensé ou pensent encore comme lui ? Les pulsions nationalistes ne sont pas aisément surmontables. Même chez les pères fondateurs de l'Europe, l'appréhension, pour ne pas dire la peur, prévalait sur l'espoir. Je me souviens encore de la réaction de mes amis au palais de l'Élysée, lorsque, quelques jours après la chute du mur de Berlin, je plaidai auprès d'eux pour un geste symbolique de la diplomatie française. Mitterrand et Kohl pouvaient-ils se serrer la main sous la porte de Brandebourg, à Berlin, comme ils l'avaient fait à Verdun, sur les champs de bataille de la Première Guerre mondiale ? Ils venaient de refermer les portes du passé ; ils avaient symboliquement l'occasion d'ouvrir celles du futur. Mon idée, qualifiée de « romantique », fut immédiatement balayée. On me dit qu'une telle rencontre n'entrait pas dans les intentions de François Mitterrand et que, de toute façon, le chancelier Kohl ne l'eût pas souhaitée. Lors de son voyage en Allemagne, le président français maintint au contraire sa visite prévue au chevet d'une RDA agonisante – la « république de Pankow », comme on l'a parfois nommée, du nom du quartier de Berlin-Est où siégeait son gouvernement.

La réunification de l'Allemagne fit peur, au moins à Londres et à Paris. Le président Mitterrand, alors âgé et affaibli, dont les références historiques s'ancraient dans une période antérieure à la Seconde Guerre mondiale, ne pouvait s'empêcher de penser que l'Allemagne réunifiée occuperait une place décidément centrale dans l'équilibre des puissances de la nouvelle Europe. Varsovie n'était-elle pas plus près de Berlin que de Paris ? Bien qu'il fût contraint par la dynamique européenne de ne pas s'en ouvrir publiquement, il est certain qu'en son for intérieur il ne considérait pas que ce qui était bon pour l'Allemagne l'était nécessairement pour la France.

Une plus grande confiance en son destin et en sa capacité de surmonter le passé eût permis à l'Europe d'accueillir ces nouvelles circonstances de façon beaucoup plus ouverte, généreuse et efficace. Mais le poids de l'histoire et les doutes sur le sens de l'« européanité » (que signifie être européen ? où commence et où s'arrête l'Europe ?) furent renforcés par l'incertitude planant sur le futur et les performances économiques de la communauté.

Les incertitudes du futur

La perte d'assurance, sur le plan économique, précéda l'essor de l'Asie, mais celui-ci l'aggrava. Il en résulta que même des problèmes de routine devinrent les signes d'une apocalypse imminente. Dans des pays comme la France et l'Allemagne, le chômage, qui s'est installé au début des années quatre-vingt, est devenu un « cancer social », renforçant la double peur du futur et des « Autres », soupçonnés de voler leur travail aux Européens de souche.

Le chômage demeure plus que jamais un très grave problème en Europe, d'autant plus qu'il affecte principalement les jeunes qui tentent d'entrer sur le marché du travail. Psychologiquement, il crée un sentiment de fragilité, qui se transmet d'une génération à l'autre. Les enfants de parents qui ont connu le chômage rechercheront logiquement la sécurité et limiteront la prise de risques. En France, de récents sondages ont montré que presque 75 % des jeunes rêvaient de devenir fonctionnaires afin d'avoir un emploi garanti leur vie durant. Lors des manifestations du printemps 2006 contre le contrat « première embauche » (CPE) qui introduisait plus de flexibilité dans la législation du travail, je me souviens d'interviews de manifestants réalisés par la télévision française. Ils disaient ne pas vouloir « devenir comme les Chinois ou les Indiens ». Ils voulaient être protégés du marché. Presque quarante ans plus tôt, en mai 1968, la génération de leurs parents était descendue dans la rue pour changer un monde qu'elle trouvait ennuyeux. À l'époque, certains rêvaient à la Chine, alors sous la férule du maoïsme le plus baroque et brutal, celui de la « révolution culturelle ». En 2006, on ne veut plus changer le monde mais s'en protéger. Les fantasmes maoïstes de soixante-huit ont cédé le pas à la peur d'être laissé sur le carreau par les plus dynamiques des économies asiatiques. Un ministre français revenant d'un voyage en Asie, au printemps 2008, exprimait ainsi, en privé, sa frustration : « Ils m'ont traité comme nous les traitions autrefois. » Ce sont ses propres mots. On l'avait reçu, confessait-il encore, comme s'il venait d'un pays sous-développé. Le fait est que pour bien des Européens la mondialisation est devenue synonyme de délocalisation et de suppression d'emplois, tandis que le libre-échange est perçu comme une « concurrence déloyale ». La disparition lente en Europe de la classe ouvrière traditionnelle et la fermeture de très nombreuses usines ont soulevé des questions dérangeantes. Le chômage devient-il, par « la faute à l'Asie », une épidémie à laquelle on ne peut échapper ? Quel sens donner à sa vie, si l'on n'a pas un bon travail ? L'Europe s'appuie encore sur ses « niches d'excellence », comme les produits de luxe et l'industrie nucléaire en France, les machines-outils en Allemagne, le dynamisme des entreprises familiales en Italie… mais suffiront-elles ?

La peur de la stagnation économique – et désormais de la récession – débouche sur une autre peur, plus subtile, mais assez répandue, celle de voir l'Europe condamnée à devenir une sorte de musée, de Venise géante, oasis d'un « art de vivre » et d'une culture sophistiqués, où les habitants de continents plus dynamiques viendraient passer leurs vacances ou leur retraite – la Floride en moins vulgaire, défunt centre de créativité, sans influence sur le monde.

De la difficulté d'affronter le présent

L'incertitude du présent est quant à elle parfaitement illustrée par l'opinion de plus en plus négative que les citoyens européens se font de l'Union. Les raisons qui ont conduit à la victoire du « Non » aux référendums de l'année 2005 étaient différentes en France et en Hollande ; quant à l'Irlande, en 2008, elle a également les siennes ; mais dans chaque cas, elles relèvent d'un malaise existentiel. Si l'électorat, dans les trois pays, voulut sanctionner les élites politiques au pouvoir, il exprima aussi ses doutes face à l'élargissement et à la mondialisation. Le « Non » irlandais de 2008 était particulièrement troublant. Il traduisait non seulement une ingratitude dans ce grand bénéficiaire de l'Union, mais marquait aussi un désarroi profond des populations. Et il était d'autant plus inquiétant qu'il a trouvé chez les jeunes un écho plus fort. J'étais à Berlin lorsque j'ai appris, sans surprise, les résultats du référendum irlandais. J'ai instinctivement senti que Berlin, le

9 novembre 1989, avait été la grande victoire de ma génération, mais que le 12 juin 2008, on avait planté le dernier clou sur le cercueil de ses rêves. Et je ne suis pas sûr que le récent « Oui » de l'Irlande, qui rendit possible la ratification du traité de Lisbonne, suffise à changer mon diagnostic. L'Europe que je désirais depuis que j'avais atteint l'âge adulte n'allait pas « se faire ». Sur certains points, le rêve était devenu une miraculeuse réalité, mais quelque chose s'était cassé en route, imputable à un mélange de médiocrité politique et d'hostilité sourde à l'égard d'un projet désormais accepté passivement par certains et rejeté passionnément par d'autres. L'Europe a préféré se définir négativement que positivement. L'« euroscepticisme » gagne et n'est plus une spécialité britannique. Qui parierait que le « Oui » l'aurait emporté en Allemagne si l'on y avait tenu un référendum sur l'unité européenne ? Que penser d'une Europe qui choisit ses nouveaux dirigeants davantage en fonction de leurs limites que de leurs mérites.

Si le personnel politique s'est aliéné une grande partie des électeurs, par son action – ou son inaction – au plan national ou européen, se profile, au-delà, le sentiment qu'ont ces électeurs de ne plus comprendre ce que devient l'Europe. C'est la question du « qui sommes-nous ? ». Elle s'exprime d'abord par la peur de l'Autre, notamment de l'invasion des pauvres, venant principalement du Sud. Les « Barbares » ne sont plus seulement à nos portes, ils ont déjà pénétré dans notre monde et changé sa nature. Il y a quelques années, j'avais invité un prestigieux représentant de la classe politique britannique au Collège de l'Europe, à Natolin, dans les environs de Varsovie, pour y donner une conférence. Je l'avais entraîné dans une visite rapide de la capitale polonaise. Il n'en croyait pas ses yeux : tous les visages rencontrés étaient blancs (à l'exception de quelques rares Asiatiques). Débarrassée de la présence soviétique, Varsovie était-elle devenue plus européenne que Londres ? Il tenait pour acquis que toutes les grandes villes européennes étaient multiethniques et multiculturelles. Et bien qu'il ne le dît pas ouvertement, je pouvais voir qu'il se sentait soulagé, sinon légèrement « ennuyé ». En Pologne, résistait un bastion de « pure » souche européenne.

Souvenons-nous également des images, à l'automne 2005, de l'enclave espagnole au Maroc. Des dizaines d'Africains y furent tués par la police marocaine, alors qu'ils tentaient d'escalader les barbelés derrière lesquels s'ouvrait le « paradis européen ». Ces terribles images évoquent irrésistiblement, du moins pour quelqu'un de ma génération, celles d'un temps qui n'est pas si lointain, où des Allemands de l'Est se faisaient tuer en essayant de rejoindre la liberté, de l'autre côté du mur de Berlin. Pour échapper à la pauvreté, des milliers d'Africains risquent chaque mois leur vie dans des embarcations de fortune à bord desquelles ils bravent les dangers de la mer Méditerranée ou de l'océan Atlantique, espérant atteindre qui les côtes andalouses, qui les îles Canaries. Parmi ces héros anonymes se trouvent certaines des personnes les meilleures et les plus brillantes du continent, osant refuser un destin qui les a placées au mauvais endroit au mauvais moment. Mais leur rêve devient notre cauchemar – qui plus est de notoriété publique.

La peur de l'Autre naît de la rencontre d'une démographie et d'une géographie particulières. « Ils » sont trop nombreux et où « ils » sont, il n'y a pas d'espoir. Nous sommes trop peu nombreux et tellement plus riches, là où nous vivons. Plus nos économies ont besoin d'« eux » pour continuer à croître, étant donné notre faiblesse démographique – même si certains pays, comme la France et surtout l'Allemagne, récemment, recommencent à faire des enfants –, plus nous les rejetons au plan émotionnel, sous des prétextes culturels, religieux ou raciaux. En Suisse, l'image du « mouton noir » utilisée par l'extrême droite pour stigmatiser les immigrants lors de la dernière campagne électorale, en 2007, a frappé les imaginations. La diversité cesse d'être considérée comme une richesse créatrice et un enrichissement mutuel ; elle est tenue pour responsable d'un déséquilibre interne. En France, cherchant à détruire l'extrême droite de Jean-Marie Le Pen en courtisant son électorat, le candidat conservateur à l'élection présidentielle, Nicolas Sarkozy, a promis de combattre vigoureusement l'immigration clandestine. Une fois élu, il a rempli ses promesses avec une énergie qui traduit parfaitement les émotions de son électorat, mais constitue aussi une menace pour les droits de l'homme et ne laisse d'inquiéter, à long terme, pour le pays : nous avons besoin des bras et des cerveaux de ceux dont nous tentons d'empêcher l'entrée sur notre territoire, sans parler de ceux que nous expulsons.

La peur de l'Autre comprend aussi celle du terroriste, surtout quand il est incarné par l'image de l'intégriste musulman poseur de bombes. Cette peur atteint des proportions démesurées chez les plus craintifs, empruntant les traits d'une conquête de l'Europe par le monde musulman. « Ils » obtiendraient quelque jour la première place sur les plans démographique et religieux, dans cette Europe transformée en « Eurabie », pour reprendre le terme utilisé par la défunte journaliste italienne Oriana Fallaci, l'historien américain Walter Laqueur et l'éminent orientaliste Bernard Lewis.

La peur de l'« Eurabie » ne résiste pas à l'épreuve des faits. Dans leur excellent essai sur la France et ses musulmans, *Intégrer l'islam*, Jonathan Laurence et Justin Vaïsse donnent d'intéressantes statistiques. L'intégration est à l'œuvre, et de la façon la plus intime, par le mariage notamment, où le taux de « mixité » atteint en moyenne 40 % – c'est-à-dire que 40 % des musulmans se marient hors de leur communauté d'origine[3]. La grande majorité des Allemands d'ascendance turque, des Français d'ascendance algérienne, marocaine ou tunisienne, des Britanniques d'ascendance indo-pakistanaise veulent réussir leur intégration dans leurs pays respectifs. Ils s'attendent à ce qu'on leur offre des chances d'ascension sociale, à ce qu'on les traite équitablement, et même fraternellement. J'ai enseigné sept ans au Collège de l'Europe en Pologne, et certains de mes meilleurs étudiants étaient franco-algériens. Ils voulaient réussir en tant que Français ou, comme l'un d'entre eux me le dit « au moins en tant qu'Européen ». Mais les traitons-nous de façon équitable, ouverte, et – c'est de loin le plus difficile – fraternelle ?

Derrière la peur d'être envahi se cache celle de sauter sur une bombe. La peur du terrorisme en Europe n'est pas née, comme aux États-Unis, d'un unique et immense choc. Aussi terribles qu'ils aient été, les attentats de Madrid en 2004 et de Londres en 2005 (de même que les tentatives manquées de 2007 en Grande-Bretagne) ne sont pas à l'échelle du cataclysme new-yorkais du 11 septembre 2001. En outre, les terroristes irlandais et basques avaient déjà aguerri les Européens, leur avaient durci le cuir, en quelque sorte. Et, d'une certaine façon, le citoyen européen n'existe pas. Au fond, la majorité des Européens se sont sans doute sentis moins touchés par les attentats de Madrid ou de Londres qu'ils ne l'ont été, au moins quelques jours, par le 11 Septembre (quand les gros titres proclamaient : « Nous sommes tous des New-Yorkais »).

Néanmoins, les Européens ont dû, peu à peu, affronter la dure réalité : l'Europe n'était pas seulement une cible pour les terroristes, elle leur servait aussi de base. Les bombes humaines des transports publics londoniens étaient dans leur majorité des citoyens britanniques, nés et ayant fait leurs études en Grande-Bretagne. De même, la plupart des pirates de l'air du 11 Septembre étaient passés par des écoles techniques en Europe. Ni la vie avec des Européens ni les enseignements de professeurs européens ne les avaient distraits de leur terrible projet. Il est évident que nos universités ne les ont nullement inclinés à l'humanisme, que ce soit par le contenu des cours qu'ils y ont reçus ou par les tentatives marginales de les intégrer culturellement et socialement. Cela souligne la vulnérabilité et la faiblesse de l'Europe face à la haine venue du monde islamique. Mais il faut aussi replacer les choses dans leur contexte. Si négliger l'existence d'une menace serait suicidaire, en être obsédé serait contre-productif, car notre ambition doit demeurer d'intégrer aussi heureusement que possible des migrants qui ont besoin de nous comme nous avons besoin d'eux.

Enfin vient la peur d'être gouverné par un pouvoir extérieur, qu'il soit amical – les États-Unis – ou moins – la Russie ; ce peut être aussi une bureaucratie anonyme, non élue, comme la Commission européenne, à Bruxelles. La première éventualité est évidemment agitée en France (du moins l'était avant l'accession au pouvoir de Nicolas Sarkozy), la seconde en Pologne, la troisième en Grande-Bretagne. La Commission apparaît graduellement, aux yeux de l'opinion européenne, comme une sorte de vingt-huitième État, avec ses intérêts propres, et non plus comme l'incarnation du bien public européen.

Mais toutes ces peurs se réunissent en une seule, celle de perdre la maîtrise de sa propre destinée. La question « qui sommes-nous » est rendue plus complexe par l'interrogation géographique « jusqu'où irons-nous ? » L'absence de frontières géographiques déterminées mêlée à la perte de sens d'un projet institutionnel qui a « perdu le nord » ont indubitablement fragilisé les frontières psychologiques de l'Europe. Où finit-elle ? Où commence-t-elle ? Les Européens n'ont pas de réponse claire à ces questions. *Quid* de l'Ukraine, des pays du Caucase, et notamment de la Géorgie, des pays du sud de la Méditerranée, du Maroc, par exemple ? La France et l'Algérie pourront-elles devenir les piliers d'un processus de réconciliation entre les deux rives de la mer intérieure, comme le prône avec tant d'ardeur le président français ? *Quid* encore d'un pays incontestablement occidental, Israël, pays d'Europe sur le plan culturel, mais qui n'en fait pas partie au sens géographique ou institutionnel ?

Cette angoisse concernant les frontières de l'Europe trouve actuellement son centre émotionnel dans la polémique concernant la Turquie. À l'exception possible des Britanniques, la majorité des citoyens européens est clairement hostile à l'entrée de la Turquie, comme membre à part entière, dans l'Union. La Turquie n'est pas perçue comme l'« Autre européen », mais comme l'« Autre non européen ». En France, l'hostilité est tout simplement écrasante. Selon de récents sondages, 75 % des Français ne souhaitent pas voir la Turquie intégrer l'Union[4]. Ce rejet ne peut être compris en termes purement rationnels. Il est avant tout le fruit de la peur de l'Autre, la masse incompressible des musulmans, qu'incarne la Turquie. Peur de voir quatre-vingts millions de musulmans, perçus à tort par le Français moyen comme des Arabes, envahir un espace chrétien et surtout sécularisé.

Les arguments rationnels en faveur de l'entrée de la Turquie dans l'Union ont pris du poids après le 11 Septembre. Le besoin d'un partenaire stratégique et diplomatique qui renforce significativement l'influence de l'Europe au Moyen-Orient, le message de réconciliation qui serait ainsi envoyé à l'islam, le dynamisme d'un pays jeune, tout cela milite pour l'accueil de la Turquie. Dans cette question, le processus compte plus que le résultat ; le chemin est plus important encore que la destination finale. Les réformes que la Turquie est parvenue à mettre en œuvre sur un très court laps de temps, favorisées par sa candidature à l'entrée dans l'Union, sont pour le moins impressionnantes. Pouvons-nous, au nom d'un projet européen que nous sommes loin d'avoir accompli, prendre le risque historique de bloquer, par un refus définitif, ce processus positif ?

Émotionnellement, je peux bien sûr comprendre les inquiétudes de ceux qui s'opposent à l'entrée de la Turquie dans l'Union. Même à Istanbul, la plus occidentalisée des villes turques, on se sent plongé, dès qu'on quitte les artères principales, dans un monde oriental. Si du point de vue économique, Istanbul est plus européenne que Sofia ou Bucarest, vouloir l'« entrée » de la Turquie est un acte de volonté et d'intelligence politique qui semble, à bien des égards, je l'admets volontiers, aller contre les apparences.

Pourtant, je n'ai finalement aucun doute et je suis partisan de cet élargissement. La « tentation de l'Orient », une fois évanouie la perspective d'appartenir à l'Union, pourrait s'avérer irrésistible pour la Turquie, avec des conséquences graves, puisqu'elle deviendrait alors un voisin potentiellement incontrôlable. Que l'élargissement à la Turquie signifie pour l'Union des frontières communes avec la Syrie ou l'Iran ne change rien à l'affaire !

Plus importantes encore sont les questions d'identité que soulève le dilemme turc. L'Union est-elle fondée sur la culture ou sur la culture politique ? La réponse semble moins claire que jamais, et nous trouvons là une parfaite illustration des ambiguïtés entre Europe et Union européenne. Sur le long terme, les identités multiples ne sont acceptables que lorsqu'on assume la sienne. Sinon, il est impossible de ne pas rejeter ce qui sera perçu comme l'influence artificielle d'une culture étrangère. Pour fonctionner, le multiculturalisme exige la confiance en soi.

Pour cette raison et pour d'autres, l'Union s'est aliéné une part croissante de l'opinion dans de nombreux pays membres. La France ne se considère plus comme le chef de famille lorsqu'elle s'assoit à la table des conseils ministériels européens. Dans cette nouvelle Europe, où l'on voit sans les reconnaître tant de visages nouveaux, où l'on entend parler, sans nécessairement les distinguer, tant de langues nouvelles, où l'on ne dispose que de quelques minutes pour exprimer sa position, entre Malte et la Slovénie, il est difficile pour Paris d'entretenir l'illusion qui voudrait, selon la formule consacrée, que l'Union serve la « poursuite de la politique nationale par d'autres moyens », alors même que tant de compromis ont été acceptés.

Dans le même temps, l'Allemagne, bien qu'elle ressemble aujourd'hui de plus en plus à une « seconde France », se comportant comme autrefois la première, peu désireuse de sacrifier ce qui lui semble son intérêt national à une cause européenne un peu abstraite, bien qu'elle soit aujourd'hui gouvernée par une génération moins marquée par l'histoire et qui ne se sent plus comptable du crime nazi, l'Allemagne, donc, reste le plus européen des pays comme si les douze années de « Barbarie » qu'elle a vécues l'avaient, d'une certaine manière, vaccinée contre les maux du nationalisme. Mais cette vaccination s'atténue avec le temps ; et l'Allemagne ne peut, à elle seule, emmener l'Europe.

L'Europe aurait-elle plus confiance en elle si elle avait proposé pour exutoire au nationalisme menacé des pays qui la composent un patriotisme à l'échelle du continent tout entier ? Nous n'en saurons jamais rien, puisque les pères fondateurs de l'Union européenne ont délibérément choisi de ne pas encourager le patriotisme continental. Jacques Delors, qui dirigea l'Union du milieu des années quatre-vingt au milieu des années quatre-vingt-dix, et fut peut-être son plus remarquable président, était passionnément opposé à la création d'une telle « émotion européenne ». Pour lui, « le patriotisme signifiait la guerre ». On peut craindre qu'en conséquence de ce refus les émotions nationales ne resurgissent de plus belle, la seule limite rationnelle à leur impact négatif n'étant plus alors constituée que par l'existence de points communs entre les différents intérêts nationaux.

J'ai assisté, à Varsovie, aux cérémonies célébrant l'entrée dans l'Union de la Bulgarie et de la Roumanie. Les hymnes nationaux furent interprétés avec ferveur et émotion, tandis que l'hymne de l'Union, l'« Ode à la joie » de la *Neuvième Symphonie* de Beethoven, fut donné avec une indifférence polie.

Pour retrouver confiance en elle-même, l'Europe doit travailler plus dur et croître plus vite. En est-elle capable ? Le différentiel actuel des taux de croissance entre l'Europe et l'Asie laisse présager un désastre à long terme. Aussi longtemps que les dettes demeureront l'apanage de l'Occident et la croissance celui de l'Asie, le scénario de la décomposition apparaîtra inexorable.

La culture américaine de la peur

Si les Européens se posent la question « qui sommes-nous ? », les Américains se demandent « qu'avons-nous fait pour en arriver là ? ». Et s'il est difficile de définir l'Europe, il est tout aussi difficile de définir les États-Unis, tant leur réalité aujourd'hui apparaît diverse sinon divisée. Amérique bleue contre Amérique rouge, Amérique cosmopolite contre Amérique rurale, Amérique riche contre Amérique pauvre, Amérique blanche contre Amérique noire – une distinction très réelle dans la façon de traiter les victimes après le cyclone Katrina, en 2005 – on pourrait multiplier les différences radicales du kaléidoscope que constitue l'Amérique. On pourrait presque dire qu'il existe une Amérique unie par la peur, et une autre, que réunirait la peur de la peur, et qui s'est rassemblée sous la bannière de l'espoir. De ce point de vue, la campagne présidentielle 2008 peut être vue comme la confrontation du candidat de la peur, John McCain, et du candidat de l'espoir, Barack Obama. La campagne négative du parti républicain a joué la carte de la peur auprès de l'électorat. Pouvez-vous faire confiance à un homme qui a si peu d'expérience et dont l'un des prénoms, Hussein, sonne si terriblement musulman ? En revanche, les accents d'Obama rappelaient Kennedy et étaient l'expression d'une culture de l'espoir. Sa candidature reposait sur l'hypothèse, qui s'est révélée juste, qu'entre le handicap de l'âge et celui de la couleur de peau, les Américains, parce qu'ils sont américains, choisiraient finalement la juvénile « couleur de l'espoir ».

Au seuil de cette description de la culture américaine de la peur, qui n'est qu'un élément de mon kaléidoscope d'émotions, je ne prétends être ni original, ni nécessairement objectif. Je suis en outre parfaitement conscient de certaines difficultés. Qui suis-je pour parler ainsi ? Je ne suis pas américain, mais j'entretiens une relation très personnelle avec ce pays. Pour beaucoup de mes lecteurs, je présume, le fait d'avoir étudié à Harvard au début des années soixante-dix constitue un handicap plutôt qu'un titre ou un avantage pour comprendre l'Amérique. Et je dois encore prendre un risque car je ne suis pas, là non plus, un observateur neutre et j'ai tout de l'« amoureux déçu » depuis que mes années d'études à Harvard ont, à plus d'un titre, changé ma vie. Mais l'Amérique que je vois aujourd'hui ne ressemble guère à celle qui a tant contribué à faire de moi ce que je suis.

À la différence des Européens, les Américains ne sont pas hantés par le fantôme de leur passé. L'Amérique s'est toujours vue comme un futur, un projet plutôt qu'une histoire. Trois grandes interrogations contribuent à la crise d'identité actuelle. Avons-nous perdu notre âme, c'est-à-dire notre supériorité morale ? Avons-nous perdu notre but, c'est-à-dire le sens de notre mission ? Et avons-nous finalement perdu notre rang, c'est-à-dire sommes-nous sur le déclin ?

En d'autres termes, les Américains se demandent ce qu'ils ont fait pour en arriver là en tentant de répondre à une autre question : « Pourquoi nous haïssent-ils ? » et plus encore : « Pourquoi ne sommes-nous plus aimés comme avant par ceux qui étaient nos amis et nos alliés

– est-ce parce que nous ne sommes plus aimables ? » Une interrogation qui contribua à la victoire d'Obama.

Dans ce processus, ils sont amenés à remettre en question l'universalisme et la position centrale de leur propre modèle et de leur propre système. Ce qui est bon pour l'Amérique ne l'est peut-être pas pour le reste du monde, et puisque les Américains ne pratiquent plus les valeurs qu'ils prêchent, comment pourraient-ils savoir ce qui est bon pour eux ?

Cette double interrogation conduit à une troisième, de nature plus classique, mais qui pourrait cette fois s'avérer pertinente. Lorsqu'en 1987, Paul Kennedy, historien à l'université Yale, soulevait la question du déclin de l'Amérique, il n'avait que vingt ans d'avance sur ce qui est peut-être en train de devenir une réalité[5].

Qu'avons-nous fait pour en arriver là ?

Si l'on veut analyser la culture de la peur en Amérique, il ne faut pas partir du 11 Septembre. La peur a toujours été présente dans l'histoire américaine. L'épisode des sorcières de Salem, à la fin du XVIIe siècle, en constitue l'une des manifestations les plus nettes et les plus précoces. Le territoire américain fut conquis dans la violence, exercée à l'encontre de la minorité d'Indiens natifs, mais surtout parmi les pionniers eux-mêmes. La libre circulation des armes à feu, qui demeure aujourd'hui une caractéristique des États-Unis, n'est pas seulement le symbole de l'individualisme et de la liberté de se défendre soi-même ; c'est aussi l'héritage d'un passé sauvage, violent et dangereux, où « l'homme était un loup pour l'homme », où la vie quotidienne était marquée par la peur.

Au début du XXe siècle, la montée du communisme, des mouvements radicaux et de l'anarchisme, avec leur cortège d'attentats à la bombe, de grèves, de violences et d'agitation ouvrière a répandu la peur des immigrants, quels qu'ils fussent, que la plupart des Américains considéraient comme autant de menaces pour la stabilité sociale et politique du pays. Cette hystérie xénophobe atteignit par deux fois son paroxysme, en 1919-1920, avec les déportations d'immigrants suspectés de communisme, lors de la « peur des rouges » (*Red Scare*), et dans les années cinquante, une génération plus tard, avec les sombres excès du maccarthisme. La victoire de Ronald Reagan, en 1980, fut le produit, en partie du moins, d'une réaction contre-révolutionnaire, dirigée contre les « excès » culturels des années soixante, considérées comme une période de licence éhontée, de débauches sexuelles, d'apologie des drogues et d'agitation politique. Pour les électeurs de Reagan, l'Amérique des années quatre-vingt avait perdu la maîtrise du monde et de son destin, à l'instar des parents américains, qui n'avaient plus d'autorité sur leurs enfants adolescents. Il fallait faire quelque chose.

Ce diagnostic cristallisait un conflit de quarante ans au sein de la tranche d'âge des *baby boomers*, qui structure encore aujourd'hui le débat culturel et politique américain, entre ceux qu'on a baptisés, par abus de langage, la « génération Woodstock », opposés à la guerre du Viêt-nam, et ceux qui, au contraire, partisans de « la loi et de l'ordre » l'ont approuvée, soutenus par nombre d'anciens combattants. Cette division et la peur qu'elle a inspirée expliquent la prééminence des questions culturelles et morales (avortement, droits des homosexuels, prière à l'école) sur les questions économiques et sociales dans plusieurs campagnes présidentielles récentes.

Le 11 Septembre n'a pas engendré la peur américaine ; il l'a, par son ampleur inouïe, installée. Des milliers de victimes en quelques heures, la nature symbolique des cibles – le cœur de la puissance militaire des États-Unis à Washington et les tours jumelles du World Trade Center au sud de Manhattan, qui dominaient la silhouette inimitable de New York, la plus cosmopolite des métropoles : l'Amérique découvre sa vulnérabilité au moment où semble culminer sa suprématie, dix ans après l'effondrement de l'Union soviétique. Jamais, depuis l'incendie de la Maison-Blanche par les troupes britanniques lors de la guerre de 1812, ses organes vitaux n'avaient été ainsi frappés. Pearl Harbor était à des milliers de miles nautiques.

Si le 11 Septembre n'a pas créé la culture de la peur, il lui a conféré une profondeur nouvelle. Les Américains savaient depuis le début de la guerre froide que leur position géographique ne les protégeait plus. Mais le 11 Septembre a changé du jour au lendemain cette donnée abstraite en réalité concrète et tragique. Il a aussi, très vite, dans la tradition américaine, généré des affrontements sur la nature de la réponse. Beaucoup de gens comme moi, qui se sont sentis très profondément new-yorkais après les attentats, se sont aussi demandé si les États-Unis n'avaient pas sous-estimé la menace *avant* pour la surestimer *après*, engageant en Irak une guerre indéfendable, avec des moyens tout aussi indéfendables, installant un climat de suspicion, nuisible à leur image aussi bien qu'à leurs intérêts. Le dilemme entre sécurité et liberté est vieux comme le monde. Mais avec sa « guerre mondiale contre le terrorisme », l'administration Bush n'est pas parvenue à trouver le juste milieu. Guantanamo et la question de la détention préventive en sont venus à symboliser « ce qui ne va pas avec l'Amérique ». Si l'on considère en outre certaines techniques d'interrogation embarrassantes ainsi que les pratiques délibérées d'humiliation, comme à Abou Ghraib, on ne peut guère s'étonner de la victimisation d'un Irak à ce point malmené.

J'ai vu de mes yeux, à Berlin, une ville qui a réservé à Barack Obama un accueil triomphal en juillet 2008, le changement radical qui avait affecté l'image des États-Unis. Un mois avant la visite du candidat démocrate à la présidence des États-Unis, j'avais assisté, au Staatsoper Unter den Linden, à une représentation du *Fidelio* de Beethoven, cet hymne à la liberté et à l'amour. Les prisonniers y étaient vêtus comme le sont ceux de Gantanamo : dans l'imagination artistique du metteur en scène, l'Amérique en est venue à incarner l'oppression. Plus de vingt ans auparavant, j'avais eu l'occasion d'accompagner à ce qui était alors l'Opéra de Berlin-Ouest, John Mac Loy, le « proconsul » américain des années qui suivirent la fin de la Seconde Guerre mondiale. Lorsque le public avait été informé de sa présence dans la salle, il s'était levé, spontanément, pour lui offrir une longue et chaleureuse ovation. L'Amérique symbolisait alors pour les Allemands de l'Ouest la liberté, la libération voire la rédemption. Comment a-t-elle pu si radicalement renverser son image ?

En introduisant des mesures aussi drastiques que la détention préventive sans inculpation, l'administration Bush a d'une certaine façon exprimé son manque de confiance envers son propre système judiciaire et pénal, ce qui s'est avéré plus préjudiciable à l'Amérique qu'efficace dans la lutte contre le terrorisme. Un jugement doit encore être prononcé sur la constitutionnalité de certaines dispositions du « Patriot Act », adopté par le Congrès quelques semaines après le 11 Septembre. Cette loi a-t-elle aidé l'Amérique à déjouer des complots terroristes et à sauver des vies, ou bien n'est-elle qu'une épée de Damoclès placée par des irresponsables sur la tête de chaque citoyen, le contrôlant, sinon le harcelant, quotidiennement, dans l'exercice de ses droits ?

Dans un livre très convaincant, *Winning the Right War : The Path to Security for America and the World* (« Ne pas se tromper de guerre et la gagner : la voie de la sécurité pour l'Amérique et le monde »)[6], Philip H. Gordon dénonce la tentation de faire de la guerre contre le terrorisme une troisième guerre mondiale et l'illusion qui voudrait qu'on puisse la gagner comme une guerre conventionnelle au motif, comme le répètent deux experts proches de l'administration Bush, David Frum et Richard Perle, dans un autre livre, *An End to Evil* (« Une fin au mal »)[7], qu'il n'y aurait pas de ligne médiane entre « la victoire et l'holocauste ». Voir « le mal » partout, c'est refermer le pays sur lui-même. Qui n'a fait l'expérience, ces dernières années, des frustrations sinon des vexations occasionnées par les mesures de sécurité lors de son entrée sur le territoire des États-Unis ?

Encore doit-on reconnaître qu'en Europe également, dans les jours qui ont suivi le 11 Septembre ou après les attentats de Madrid et de Londres, il valait mieux, lorsqu'on voyageait, ne pas trop ressembler à un jeune musulman barbu.

Encouragée par les « bolcheviks de la démocratie » – selon la formule provocatrice utilisée par Daniel Cohn-Bendit pour désigner les « fanatiques » de la démocratie que sont certains néo-conservateurs –, l'administration Bush a vu dans le 11 Septembre l'occasion unique de rallier les Américains à son approche musclée de l'internationalisme. Mais en succombant à ces sirènes, les États-Unis se sont laissés aller à une ambition comme à une réaction excessives. Il était tout à fait noble de chercher à démocratiser le Moyen-Orient, mais l'idée qu'on pût y parvenir à partir d'une Bagdad gagnée à l'Occident n'était qu'une chimère.

Pour appréhender l'introspection morale dans laquelle se sont engagés des millions d'Américains, nous pouvons nous tourner vers Hollywood, dont les productions ont toujours constitué une sorte de programme psychanalytique national. La bouleversante scène finale du film *Dans la vallée d'Elah* montre un père de soldat – son fils s'est fait massacrer sur une base en Amérique par ses anciens compagnons d'armes, que la guerre a transformés en brutes enragées – hissant le drapeau à l'envers. Signal de détresse au message implicite : « Mon pays est devenu fou. Aidez-nous ! De grâce ! »

Qu'est devenu notre message universel ?

À la question « pourquoi en sommes-nous arrivés là ? », les Américains en ajoutent une autre, intimement liée : « En est-ce fini de notre exception historique, de la bénédiction de Dieu sur notre patrie ? Sommes-nous encore la terre de l'espoir ? »

Au contraire de l'Europe, c'est l'espoir, surtout, qui caractérise traditionnellement l'Amérique, dont l'histoire, comme celle de l'État d'Israël, est empreinte de messianisme. C'est son optimisme qui permit à la modeste, austère et idéaliste république d'acquérir en moins de deux siècles le statut impérial. Ce même esprit d'espérance demeure au fondement de l'influence américaine dans le monde et de la formidable puissance d'attraction des États-Unis.

Certes, tout cela s'appuie autant sur le rêve américain que sur les réalisations de la république. L'optimisme, l'idéalisme, l'individualisme, mais aussi la bonne volonté et le culte de l'excellence, ainsi que la foi en un destin exceptionnel, constituent les ingrédients naturels de la réussite d'un pays qui s'est toujours vu non pas tant comme une mémoire ou une tradition à protéger ou à dépasser, mais comme un projet en construction. L'Europe s'est reconstruite plus que construite, en dépassant son histoire. Elle tire sa force, mais aussi sa faiblesse, de sa capacité à convoquer et à conjurer son passé. L'Amérique, par comparaison, est un pur devenir.

Le rêve hollywoodien qu'incarne l'Amérique a été parfaitement résumé par le film *Pelle le conquérant* du réalisateur danois Billie August. Cette grande fresque trouve son point d'aboutissement dans la séparation de deux frères, qui choisissent, à la fin du XIXe siècle, deux voies différentes pour échapper à la misère. L'un brandit la bannière du socialisme pour transformer l'Europe de l'intérieur ; l'autre quitte le Vieux Continent pour se lancer à la poursuite du rêve américain. Implicitement, le film prend parti pour le second. Cette lutte pour la dignité, assortie d'une image favorable de l'Amérique, constitue le thème sous-jacent de la plupart des grands films américains. « Tu peux toujours faire la différence », pour toi ou pour le monde. « Si tu en as rêvé, tu peux y arriver. » De *Working Girl* à *La Liste de Schindler*, c'est la puissance de l'individu qu'éclairent les feux de la rampe.

À la veille de l'intervention militaire des États-Unis au Kosovo, j'étais à Washington. Un grand personnage du département d'État m'expliqua que « sa famille en Californie n'appréciait pas du tout qu'on force les gens, en Europe, à monter dans des trains ». Il serait sans doute excessif d'en conclure que le succès du film de Steven Spielberg, *La Liste de Schindler*, décida de l'intervention américaine au Kosovo, mais il contribua sans doute à préparer l'opinion.

Aujourd'hui pourtant, il existe des Américains qui ne voient plus en l'individualisme une valeur cardinale. Dans un article écrit de Chine, David Brooks pose la question : si « des sociétés collectivistes réussissent économiquement et parviennent à faire jeu égal avec l'Occident », quelles conséquences doit-on en tirer ? Il avance des éléments de réponse : « L'essor de la Chine n'est pas seulement un événement économique. C'est aussi un événement culturel. L'idéal d'une vie collective harmonieuse pourrait devenir aussi attrayant que celui du rêve américain[8]. »

Personne n'a plus contribué à cette crise de confiance que les Américains eux-mêmes. Comparons brièvement le présent au passé. Le 6 juin 1944 – le jour J – marque l'apogée de l'idéalisme, des lumières et de l'héroïsme américains, au moins symboliquement. Le monument à l'entrée de l'immense cimetière de Coleville, en Normandie, au-dessus d'Omaha Beach le dit parfaitement : « Ce rivage que les combats dévastèrent, porte de la liberté, est à jamais sanctifié par l'idéal, le courage, le sacrifice de nos compatriotes. » C'était la seconde fois en moins de trente ans que les soldats américains changeaient, pour le meilleur, le cours de l'histoire européenne et mondiale.

Ce qui suivit fut nettement moins brillant, et moins décisif. La trouble guerre de Corée déboucha sur une impasse ; celle du Viêt-nam sur une tragédie doublée d'un désastre politique. L'actuelle guerre d'Irak semble encore plus affligeante, reléguant à des années-lumière les images et la mémoire de la Seconde Guerre mondiale. Ses conséquences ne l'en rapprocheront pas plus. En 1945, l'Allemagne et le Japon cherchaient ardemment à transcender les horreurs de l'histoire, désiraient s'immerger dans une autre culture, renaître ; ils y parvinrent en adoptant le modèle démocratique offert par les États-Unis. L'attitude de l'Irak ne présente aucun point commun. Et que dire de l'Afghanistan, qui s'apparente de plus en plus à un nouveau Viêt-nam ?

Mais plus fondamentalement encore, l'Amérique d'aujourd'hui n'a rien à voir avec celle de 1944. Les soldats, pour la plupart très jeunes, qui débarquèrent sur les plages rebaptisées Omaha et Utah savaient ce qu'ils faisaient ; ils étaient prêts à sacrifier leur vie pour une cause qu'ils comprenaient et en laquelle ils avaient foi. Ils étaient soutenus par une classe politique et une hiérarchie militaire en qui ils avaient confiance. Ils étaient non seulement convaincus que leurs généraux les mèneraient à la victoire, mais que leur pays faisait de son mieux pour les aider à combattre dans les meilleures conditions possibles. Est-ce encore le cas aujourd'hui ? Les soldats américains disposent-ils du bon commandement, du bon équipement, de la bonne morale ? Les récits d'Irak et d'Afghanistan rappellent plus ceux du Viêt-nam que ceux de la Seconde Guerre mondiale, même si le comportement et les résultats se sont incontestablement améliorés en 2008. En outre, l'armée, désormais professionnelle, est composée en grande partie d'Américains pauvres qui se sont enrôlés pour échapper au chômage, et qui se battent aux côtés de prestataires grassement payés, venus en Irak « pour l'argent », dont les services ont été « privatisés ».

L'Amérique, terre d'espoir et de rêve, a-t-elle perdu le sens de la mission et de l'exception qui fut le sien pour devenir, comme l'Europe, un territoire de la peur ?

Sommes-nous sur le déclin ?

En ce début de XXIe siècle, à qui comparer l'Amérique ? À l'Empire britannique un siècle plus tôt ? Ou bien, pour remonter plus loin dans le temps et au risque d'être excessif, à l'Empire romain, dont elle constituerait une sorte de « version accélérée » ?

La question du déclin s'est installée depuis longtemps dans le débat outre-Atlantique. Le succès du dernier livre de Fareed Zakaria, *The Post-American World* (« Le monde après l'Amérique »)[9], montre à quel point le sujet est d'actualité. Fondamentalement, je partage sa thèse : l'Amérique peut survivre à l'« ascension des autres » – de l'Asie essentiellement –, car son dynamisme, sa résistance et son culte de l'excellence demeurent et lui confèrent une capacité à rebondir probablement plus grande que celle du continent européen. Mais la réalité de la décadence est pourtant bien présente. Elle prend plusieurs formes : organique et physique avec la plaie de l'obésité ; financier ou budgétaire, avec une dette vertigineuse, trop longtemps négligée ; infrastructurelle, avec des ponts et des chemins de fer qui font plus penser parfois à ceux de lointains pays sous-développés qu'à ceux de la première puissance du monde ; militaire, avec le manque d'appétit de ses soldats pour les aventures étrangères ; sociale, avec la consommation de drogues, la violence et le désœuvrement qui frappent de plus en plus souvent les jeunes ; politique enfin, la plus grave de toutes, avec un dysfonctionnement marqué par le développement insuffisamment contrôlé du pouvoir exécutif et les sommes colossales injectées dans les campagnes électorales.

À l'heure où j'écris ces lignes – fin 2009 –, avec des taux de croissance tombant au niveau européen, les Américains commencent à sortir de la récession mais, comme sur le Vieux Continent, ils s'inquiètent des suppressions d'emplois et des rachats d'entreprises par des concurrents chinois ou étrangers. Ce qui ressemble fort à une réaction contre la mondialisation, assortie de nettes tendances protectionnistes, elles-mêmes renforcées par des considérations environnementales, devient palpable.

Vue d'Europe, l'Amérique semble trop sourcilleuse sur ses contrôles aux frontières et trop laxiste sur sa sécurité intérieure, la vente libre des armes à feu pesant comme une épée de Damoclès sur la tête d'un trop grand nombre de citoyens américains innocents, jeunes plus particulièrement, si l'on considère les accès de folie meurtrière qui se sont multipliés dans les lycées et les universités. Existe-t-il un autre pays au monde où les enseignants sont autorisés sinon encouragés à venir donner leurs cours au lycée armés d'un pistolet ? Et les Européens craignent que ce laxisme ne se répande chez eux – américanisation pour le moins déplaisante, qui se traduirait par l'augmentation de la violence chez les jeunes, sur le modèle des affrontements entre bandes dont trop de grandes villes aux États-Unis sont le théâtre, et par une hausse de l'alcoolisme.

L'Amérique d'avant, l'Amérique d'hier – ce qu'elle était et ce qui en émanait – a-t-elle cessé d'exister aux États-Unis ou bien la période Bush a-t-elle constitué une sorte d'aberration ?

Au-delà de la victoire même d'Obama, les raisons d'un optimisme prudent sont pourtant là. Et l'on peut les exprimer de la façon suivante : l'Amérique, « nation d'immigrants » par excellence, trouvera les énergies nouvelles pour transcender ses peurs au sein même des populations, encore nombreuses, dont la présence sur son sol est récente. L'Amérique est fière, à juste titre, de l'intégration de ses immigrants. Elle est le *melting pot*. Il n'est que de comparer la situation des Hispano-Américains, très bien intégrés pour beaucoup, avec celle des communautés musulmanes et noires en Europe, nettement plus marginalisées. Malgré le 11 Septembre, les musulmans américains continuent de se battre économiquement avec succès, de sentir et d'agir comme des Américains ; leur parcours semble moins semé d'embûches que celui de leurs homologues européens. Durant la Seconde Guerre mondiale, des Américains d'ascendance japonaise ont servi et se sont illustrés dans des unités spéciales de l'armée américaine. Aujourd'hui, 1,5 million d'immigrants continuent chaque année d'arriver et pas moins de 12 millions de travailleurs sans papiers vivent dans le pays. Deux grands acteurs de la vie publique, le président George W. Bush et le sénateur Edward Kennedy, ont d'ailleurs surmonté leur désaccord politique pour affirmer de concert que l'immigration, loin de représenter une menace pour les États-Unis, était au contraire leur chance, que les « nouveaux venus apportaient une vitalité nécessaire, ainsi que cette ouverture d'esprit et cet optimisme qui constituent une part cruciale de l'identité nationale », comme l'écrit Tamar Jacoby dans *Foreign Affairs*[10]. Lorsque les Américains disent que le seul remède plausible à l'immigration illégale réside dans un élargissement des quotas couplé à une application plus stricte des lois en vigueur, ils sont sans doute un peu plus crédibles que leurs homologues européens, notamment qu'en France Nicolas Sarkozy, dont le gouvernement doit encore trouver le bon équilibre entre générosité et régulation.

Certes, tout ne va pas pour le mieux dans cette « nation d'immigrants ». Le nombre de visas d'étudiants s'est drastiquement réduit au cours des huit dernières années, et le contrôle des « étrangers » s'est fait beaucoup plus strict. L'Amérique hypothéquerait son futur si le rêve de s'y établir se tarissait, si elle cessait d'être ce lieu de prédilection pour les migrants du monde entier où mieux que partout ailleurs, en travaillant dur et avec un peu de chance, on peut réussir.

Il ne fait aucun doute que l'élection de Barack Obama à la présidence des États-Unis a renforcé aux yeux du monde et des Américains eux-mêmes cette acception de l'Amérique comme continent de « tous les possibles ». Les Américains, qui l'ont choisi comme président, avec sa part complexe d'identité africaine, ont prouvé que la philosophie du « je le peux moi aussi » demeure plus crédible de ce côté-ci de l'Atlantique que de l'autre.

On ne saurait donc trop espérer que l'Amérique n'ait fait que traverser une mauvaise passe, qui, dans la conception cyclique de l'histoire, serait arrivée à son terme, parce que l'espoir est au coin de la rue. Un nouveau président à la barre ramènera-t-il à Washington optimisme et bon sens, morale et modération, renforcés d'une saine dose de réalisme ? Ou l'Amérique est-elle sur le point de s'enfoncer davantage dans sa culture de peur, et ce en dépit d'Obama lui-même ?

La peur ne fait pas seulement du mal à l'Europe et aux États-Unis, elle nuit à la qualité de leurs relations.

La peur divise l'Occident

La catastrophe du 11 Septembre a réuni les peuples d'une rive à l'autre de l'Atlantique. Mais à l'exception de quelques collaborations notables, dans les domaines policier et juridique par exemple, le sentiment d'un but partagé fut éphémère. Le 11 Septembre, loin d'avoir fourni à l'Occident l'occasion de se réinventer, a révélé ses divisions. La politique étrangère du président Bush, dans ses choix et dans son style, n'a fait que creuser le gouffre ouvert avec la chute de l'Empire soviétique.

Alors que la guerre froide touchait à sa fin, Alexandre Yakovlev, proche collaborateur du président Gorbatchev, eut cette remarque prémonitoire, en forme d'avertissement à l'adresse de l'Occident : « Nous allons vous faire quelque chose de terrible ; nous allons disparaître en tant que menace. Le ciment de votre alliance ne sera plus là pour vous maintenir réunis. » L'affaiblissement apparent des intérêts communs consécutif à la fin de la guerre froide coïncide avec le développement d'émotions centrifuges, car la peur, sauf si sa nature est absolument claire, divise plus qu'elle unit. Durant la guerre froide, la menace était correctement définie et, grâce à la dissuasion nucléaire, correctement contenue. C'est ainsi du moins que les choses étaient perçues – la réalité, avec le recul, était probablement plus confuse et plus dangereuse. Mais aujourd'hui, elle l'est tout à fait. Quelle est la menace principale ? Où sont les armes de destruction massive ? Les États qui s'effondrent sur eux-mêmes et leur cortège de désordres politiques, le réchauffement climatique, les conséquences sur la sécurité du débat énergétique, les risques d'un retour aux perturbations économiques des années trente… La complexité est rarement source de clarté stratégique.

Le « divorce » transatlantique n'a rien eu d'un coup de tonnerre ; il s'est installé, lentement d'abord, dans les années quatre-vingt-dix, pour s'afficher publiquement dans les premières années du XXIe siècle. Il était antérieur à l'arrivée du président Bush au pouvoir, à la guerre d'Irak et aux dissensions qu'elle a créées. Pour résumer d'une phrase cette scission, on peut dire que le mépris de l'Amérique pour l'Europe s'est développé en même temps que l'Europe, de son côté, sentait s'éloigner d'elle une Amérique dont elle avait moins besoin. C'est comme si l'Europe avait dit à l'Amérique : « Je peux vivre sans ta protection » et, ce qui est pire : « Je ne te reconnais plus. » (Il s'agit là de la « Vieille Europe » – bien plus que de la « Nouvelle Europe », en clair, les pays de l'ancien bloc de l'Est –, qui ressemble plus à l'Europe des années soixante-dix qu'à celle des années quatrevingt-dix.)

La guerre dans les Balkans et la triste prestation qu'y donnèrent au début les Européens est venue confirmer les pires craintes de l'élite américaine. Au tout début des années quatre-vingt-dix, alors que la Yougoslavie constituait encore un seul État, j'avais eu l'occasion de débattre, à Strasbourg, avec un membre du Conseil national de sécurité. Cet éminent représentant de l'Amérique conservatrice parlait de l'Europe dans les termes les plus désobligeants : « On ne peut pas faire confiance à l'Europe. Qu'elle se débrouille ! Quand elle aura montré ses divisions et son impuissance, elle sera prise d'envies de suicide, et l'Amérique, une fois de plus, devra intervenir pour la sauver d'elle-même et pour ramasser les morceaux. »

Si l'Amérique douta que l'Europe puisse parler d'une seule voix et par conséquent de sa capacité d'action, et si les premières années de la guerre dans les Balkans renforcèrent ce sentiment, elle s'aliéna aussi, rapidement, les Européens. Dans les années soixante ou quatre-vingt, depuis la guerre du Viêt-nam jusqu'au déploiement des euromissiles, lorsque les Européens descendaient dans la rue pour protester contre les États-Unis, c'était pour dénoncer la politique de Washington. Dans les années quatre-vingt-dix, les manifestations prirent pour cible non pas tant ce que faisait l'Amérique, mais ce qu'elle était, son essence plus encore que ses performances : un marais culturel, un pays où la peine de mort est toujours en vigueur, un bout d'Occident, certes, mais moins humain et moins civilisé !

Cette lecture de l'Amérique n'exclut pas l'existence simultanée d'une immense fascination pour les États-Unis, qui continue de se développer dans des pays comme la France. Je me souviens de deux articles se faisant face dans les colonnes du *Journal du dimanche* : la page de droite était consacrée au portrait d'un jeune couple de Français ayant élu domicile à Los Angeles, après avoir choisi « la ville du rêve et du possible », au royaume de la « nouvelle économie » ; sur la page de gauche on pouvait lire une dénonciation virulente du capitalisme américain, par l'une des grandes voix du mouvement alter-mondialiste. L'Amérique devenait ainsi le miroir parfait des rêves comme des cauchemars de la

France, et par extension, d'une partie au moins de l'Europe.

Après le 11 Septembre, l'espoir a fait place à la peur dans le regard des Européens sur les États-Unis. L'unité contre la menace terroriste s'est fissurée, car les divergences sur la meilleure façon d'y faire face sont devenues plus importantes encore. Pour Washington, les Européens ont réagi en « traîtres » chaque fois qu'ils ont refusé de soutenir les choix de l'administration Bush. Pour les Européens, l'Amérique de Bush avait fini par représenter une menace aussi grande que les terroristes eux-mêmes, et sa « surréaction » a pavé la voie d'un inutile « choc des civilisations », devenu virtuellement inexorable. D'une rive à l'autre de l'Atlantique, les stéréotypes – cow-boys et gangsters américains contre Européens lâches et décadents – se sont nourris d'un mélange d'ignorance et d'intolérance. Mais alors que les préjugés européens à l'encontre de l'Amérique étaient encore empreints de passion, la dénonciation américaine des faiblesses de l'Europe s'accompagnait d'une indifférence de moins en moins feinte.

À la vérité, de part et d'autre, ces attitudes étaient profondément contradictoires. Washington avait à la bouche les valeurs occidentales, la démocratie et les droits de l'homme, dont elle trahissait le contenu aux yeux de son « partenaire » européen, qui en est le berceau historique. L'Europe continuait à lorgner vers l'Amérique pour sa protection mais n'était à l'évidence nullement mécontente de l'affaiblissement des États-Unis et de la détérioration de leur image dans le monde. Sentiment paradoxal puisque l'Europe n'était pas capable – et ne l'est toujours pas – de tirer les conséquences logiques de cette évolution, c'est-à-dire de jouer sur la scène du monde un rôle plus important et de payer le prix d'un partage du fardeau. Et aujourd'hui, on peut se demander si l'Asie n'est pas en train de devenir la « Nouvelle Europe » pour l'Amérique d'Obama.

Ces contradictions internes n'ont pas empêché la faille entre les deux partenaires d'autrefois de se creuser. Les critiques chargées de méfiance envers l'Amérique dont la France s'est faite longtemps l'écho sont maintenant relayées par la majorité des capitales européennes. (Avec la présidence de Nicolas Sarkozy, une nouvelle relation entre Paris et Washington a vu le jour. Mais ce rapprochement au niveau gouvernemental doit encore être confirmé. Et avec l'élection de Barack Obama, l'image des États-Unis s'est profondément transformée pour le meilleur, en Europe et dans le monde, à de rares exceptions près comme Israël.

Dans leurs efforts pour conquérir la suprématie mondiale, les États-Unis « ont trahi la promesse américaine » (comme le laisse entendre le sous-titre du dernier livre de Tony Smith, *A Pact with the Devil*, « Un pacte avec le diable »[11]). Il y a là une certaine vérité. Al-Qaida, et c'est son succès le plus remarquable, a su pousser l'Amérique, sous l'administration Bush, à trahir ses valeurs fondamentales.

Mais je crois qu'on peut exprimer les choses un peu différemment. En se décalant, comme sur une raie spectrale, de la culture de l'espoir vers celle de la peur, l'Amérique a perdu son pouvoir d'attraction naturel sur le monde. John Fitzgerald Kennedy, en dépit de toutes ses limites, avait fait rêver le monde. L'Amérique de George W. Bush lui a fait peur.

« La foi des Américains en nos valeurs, qui sont universelles, devrait être un pont vers le monde », écrit Anne-Marie Slaughter dans un élégant livre, *The Idea that is America : Keeping Faith with our Values in a Dangerous World* (« L'Idée de l'Amérique : garder foi en nos valeurs dans un monde dangereux »)[12]. Cela peut encore être vrai, grâce à Obama, malgré l'angoisse qui domine aujourd'hui la pensée occidentale. Ni le divorce de l'Amérique avec le monde ni la faiblesse de l'Europe ne sont inéluctables. Ce dont l'Occident a besoin, c'est d'un meilleur équilibre : une Amérique plus modeste et une Europe plus ambitieuse – en d'autres termes, une Amérique dont l'ambition se porte un peu moins sur son action internationale et un peu plus sur elle-même, qui améliore ses infrastructures ainsi que le niveau général d'éducation et de protection sociale de ses concitoyens.

Dans un monde transparent et indépendant, l'Amérique n'a pas de meilleure carte à jouer que la renaissance du rêve américain, c'est-à-dire sa capacité d'intégration, sa force de terre d'accueil. Et c'est sur ses épaules que repose la plus lourde responsabilité, car elle est le plus fort des deux partenaires. Si l'Occident renoue avec la culture de l'espoir, ce sera parce que les États-Unis auront finalement trouvé un *leader* capable de réconcilier l'Amérique avec elle-même et avec le monde, avec la promesse qu'elle a incarnée, et de l'arrimer dans le XXIe siècle. Il est trop tôt pour dire si Obama sera bien l'homme de la situation.

Le modèle occidental a perdu son monopole. C'était probablement inévitable. Mais cela ne signifie pas que l'Occident en soit réduit à devenir le nouvel épicentre de la peur et du déclin – à condition, toutefois, qu'il veuille bien changer de cap.

VI

Les « inclassables »

Ce livre a été, bien sûr, peint à gros traits. Avec toutes ses nuances de couleurs, toutes ses variations de tons, le portrait que je trace du monde contemporain n'en a pas moins des dominantes : le monde occidental est essentiellement caractérisé par la peur, le monde arabe par l'humiliation et le monde asiatique par l'espoir. J'espère l'avoir démontré dans les chapitres précédents.

Certains pays très importants n'entrent pourtant pas dans cette classification tripartite, précisément parce qu'ils contiennent, en proportions égales, les trois émotions susnommées. Et certaines régions du monde – parfois des continents entiers – sont encore plus difficiles à classer dans quelque catégorie que ce soit. Nous examinerons donc ici quelques-unes de ces situations complexes, qui ne correspondent pas véritablement à la thèse générale, mais détermineront des rôles particuliers et significatifs dans les luttes du siècle à venir.

L'amalgame russe (et son corollaire iranien)

Le cas de la Russie, en ces temps post-soviétiques, est décidément l'un des plus intéressants et originaux. Ce pays possède plus que son lot de peur, d'humiliation et d'espoir ; ces trois émotions s'y mêlent en un puissant amalgame de sentiments et d'impulsions.

J'ai des souvenirs très nets de la fin de l'année 1989 à Moscou. Je séjournais chez des amis russes et nous regardions à la télévision les nouvelles en provenance de Roumanie. La révolution – ou était-ce un coup d'État ? – y prenait une tournure tragique, contrastant avec la transition relativement pacifique du communisme au capitalisme que connaissaient la Pologne et, dans le même temps, le reste de l'Europe centrale et orientale. Tandis que sur l'écran de la télévision défilaient les images de l'exécution de Nicolae Ceauşescu et de sa femme, qui avaient gouverné le pays d'une main de fer pendant plus de vingt ans, mes amis russes se tournèrent vers moi : « Tu sais, me prévinrent-ils, la transition en Russie va se passer comme en Roumanie, pas comme en Pologne. Le sang sera versé. C'est comme ça chez nous. »

Leurs prévisions ne se sont pas réalisées, du moins jusqu'à présent. Leur attitude, ce que j'appelle leur « narcissisme noir », ne m'en a pas moins frappé, car je l'ai depuis très souvent retrouvée.

Pourquoi les Russes, malgré leurs progrès indéniables, notamment économiques, sont-ils obsédés par leurs défauts et leurs échecs ? Quelle combinaison géographique, historique et religieuse les rend si fiers et si peu sûrs d'eux-mêmes à la fois ?

La première explication vient du fait qu'ils n'ont pas une vision nette de leurs frontières. Où se termine leur empire ? Dans leur for intérieur, les Russes n'ont pas renoncé à l'Ukraine, ni, pour les mêmes raisons, à la Biélorussie. Le réseau d'émotions complexes et exacerbées qui les caractérise peut être vu comme le résultat de leur histoire nationale et de leur sentiment paradoxal à l'égard de l'Occident – dont ils ne sont pas naturellement partie prenante –, fait d'attraction et de répulsion. Le débat entre slavophiles et occidentalistes colle à l'histoire de la Russie moderne depuis Pierre le Grand, et il n'est toujours pas clos.

En 2000, Vladimir Poutine effectuait à Paris sa première visite officielle en tant que président élu de la Russie. J'ai eu la chance de lui parler, lors d'un dîner donné en son honneur par l'Institut français des relations internationales (IFRI). Essayant de trouver quelle question j'allais pouvoir lui poser, qui l'intéresserait, lui, et éclairerait l'assistance, je décidai de lui demander quels étaient les portraits de grands personnages politiques, d'hier et d'aujourd'hui, qui ornaient son bureau. Sa réponse fut immédiate : « Pierre le Grand, Pouchkine et de Gaulle. » Le premier, bien sûr, est le père de l'Empire et de l'État russes modernes ; le deuxième est l'incarnation de la culture russe ; le troisième est celui qui permit la reconstruction de la France après la Seconde Guerre mondiale, et qui lui redonna le sentiment de son prestige sur la scène du monde. Le choix de Charles de Gaulle était révélateur, pensai-je ; il en disait long sur la façon dont Poutine considérait lui-même la mission qu'il s'était fixée à la tête de la Russie contemporaine. De

Gaulle s'était senti humilié par les États-Unis durant la Seconde Guerre mondiale et dans l'immédiat après-guerre. Aujourd'hui, me dit-on, le portrait de Nicolas Ier orne les couloirs du Kremlin.

Des trois émotions qui rivalisent de nos jours dans la conscience russe, l'humiliation est peut-être la plus aisée à comprendre. En deux ans seulement, entre 1989 et 1991, de la chute du mur de Berlin à la dissolution de l'Union soviétique, la Russie a connu l'équivalent de ce que la France avait éprouvé entre la Révolution et la perte de son empire colonial, sur un laps de temps de presque deux siècles.

Tout d'abord, les Russes ont opéré un renversement complet de leurs normes et de leurs valeurs. Ce qui était jugé mauvais – le capitalisme, le libéralisme, la démocratie – fut soudain déclaré bon, tandis que socialisme et communisme étaient mis en accusation. Ensuite, les Russes ont perdu, brutalement, leur rang international. D'une des deux superpuissances mondiales (même si dès les années quatre-vingt les Soviétiques savaient qu'ils étaient la plus faible), la Russie était devenue, du moins à ses propres yeux, une simple carte entre les mains des diplomates américains.

Pour « arranger » les choses, l'État, l'empire et l'armée russes – les trois éléments clés de l'identité nationale – avaient explosé au même moment. Et à la différence de la France et de la Grande-Bretagne, l'empire colonial que venait de perdre la Russie n'était pas séparé de la métropole par des océans, mais s'étendait à sa porte pourrait-on dire, sur ses marges directes ; jadis source de fierté, il s'était mué, du jour au lendemain, en puits d'angoisse. Indépendants, leur liberté politique et diplomatique fraîchement gagnée, les nouveaux pays, de la Géorgie à l'Ukraine et aux États baltes, ravivaient chaque jour dans la conscience russe la douleur du deuil. Lorsqu'au bout de quelques années, ils cherchèrent à intégrer l'OTAN, ils ne firent que sceller le sentiment d'humiliation ressenti par l'ancienne puissance tutélaire.

Cette humiliation eut bientôt la peur pour compagne. Une peur avivée par la tradition xénophobe du pays, qui est aujourd'hui gonflée et manipulée à des fins politiques. Le pouvoir russe considère qu'il a remporté en Tchétchénie une victoire militaire – sur un tas de ruines et de souffrances, un semblant d'ordre russe a été rétabli à Grozny –, mais c'est une victoire à la Pyrrhus. Le conflit a tout ensemble mis à nu et exacerbé les maux dont souffre la Russie : la corruption généralisée, y compris au sein des forces armées ; une dépendance à la violence, qui s'étend sans frein de la Tchétchénie au reste du pays et qui s'est traduite encore récemment dans le Caucase par l'« hyper-réaction » russe aux provocations irresponsables du président géorgien en août 2008 ; des priorités mal définies par des dirigeants plus attachés à renforcer l'État qu'à améliorer les conditions de vie de leurs concitoyens ; enfin, l'incapacité à devenir un pays « normal », civilisé, où prévaut l'État de droit.

Pourtant, dans la Russie d'aujourd'hui, l'humiliation et la peur se mêlent aussi à une résurgence de l'espoir, sous les formes les plus matérialistes. Si la plupart des Russes se sentent mieux que cinq ou dix ans plus tôt, c'est parce que leur pays a meilleure mine, parce que les conditions de vie s'y sont régulièrement améliorées et parce que le taux de croissance annuel y tourne autour de 7 %. Cet espoir-là n'a rien à voir avec l'exubérant espoir, spirituel et idéologique, des lendemains de la Révolution de 1917. Ironie du sort, il est terriblement marxiste, dans la mesure où il se fonde avant tout sur des facteurs économiques. Ce matérialisme se teinte de nationalisme et d'un sentiment renouvelé d'amour-propre, manifeste dans le domaine du sport, tout particulièrement – ainsi de la façon dont ont été salués les exploits de l'équipe russe de football (entraînée par un Hollandais) lors de la dernière Coupe d'Europe ; ainsi des manifestations qui ont accueilli les athlètes médaillés aux jeux Olympiques de Pékin.

Et si la renaissance de l'économie fait bon ménage avec la répression de la société civile et le retour de l'autocratie, qui s'en soucie ? Les Russes n'ont jamais fondé le sentiment de leur fierté nationale ou de leur valeur sur leur capacité à entretenir une démocratie à l'occidentale. De fait, la fin de l'ère Gorbatchev puis les années Eltsine, qui virent l'émergence de quelque chose ressemblant à une société civile associée à une légère impulsion démocratique, étaient et sont considérées par la plupart des Russes comme une période d'humiliation. La démocratie était presque un signe de faiblesse aux yeux d'une population qui avait perdu son empire et son rang international, et considérait en outre la pitoyable condition physique de son président ainsi que son manque patent de dignité comme une humiliation quotidienne.

Poutine comprit tout cela. L'indéniable sentiment de progrès et même l'espoir qu'il a su recréer, une certaine place retrouvée sur la scène internationale ont évidemment bénéficié de l'augmentation des prix de l'énergie, aide non négligeable et sans doute durable. Où en serait l'espoir en Russie, aujourd'hui, avec un baril de pétrole à vingt dollars plutôt qu'à soixante-dix ? Mais le pétrole est de plus en plus précieux, les réserves russes sont inestimables et la plupart des Russes sont ravis de voir que « la Russie est de retour ». Peu leur importe si ce retour semble se traduire par un élargissement du fossé séparant leur pays de l'Occident (au moins en termes de culture politique) et par un rapprochement avec l'Asie (c'est-à-dire une dérive vers le « despotisme oriental »).

Mais les tendances autocratiques ne signifient pas qu'on puisse ravaler au rang de simple farce l'élection de mars 2008 qui a vu Dmitri Medvedev accéder à la présidence comme successeur de Poutine. Ce n'était pas une élection démocratique dans l'acception occidentale du terme – c'est-à-dire caractérisée par une libre compétition et un accès égal des candidats aux bulletins de vote et aux médias. Ses résultats correspondent néanmoins au souhait de la majorité des Russes. Dans ses premières déclarations en tant que président élu, M. Medvedev a insisté sur la nécessité d'un État de droit en Russie, attention rassurante, mais qui ne s'est pas encore traduite dans les faits. Lors de la crise géorgienne, il a parlé avec la « voix de son maître » – Vladimir Poutine – , plus qu'il ne s'est exprimé comme un acteur indépendant. Il a accompagné le durcissement de la position russe plus qu'il n'a cherché à en modérer le ton et le contenu. Et pourtant, il existe désormais comme l'amorce d'une compétition entre les deux hommes.

Il est tentant de tracer des parallèles entre la Russie et l'Iran d'aujourd'hui. Les deux pays savent très bien que leur richesse en énergie est leur principale source de puissance. Tous deux ont confiance en l'avenir sur le plan stratégique et pensent que le temps travaille pour eux. Tous deux ont connu l'humiliation dans leur histoire récente (le renversement organisé par les États-Unis du Premier ministre iranien Mossadegh, en 1953, jouant un rôle symétrique à l'effondrement de l'Union soviétique), et tous deux utilisent cette humiliation – tout à la fois cri de colère et de ralliement – comme arme de propagande dans le discours qu'ils tiennent au monde. Le message commun aux deux pays est celui-ci : « Vous ne nous tromperez plus jamais ni ne nous humilierez comme vous l'avez fait autrefois. »

Mais il existe une différence de taille entre la Russie et l'Iran, c'est que la première est un pays vieux, dans une situation démographique préoccupante, avec une population masculine décimée par l'abus de vodka et un système de santé déficient – en contraste total avec la jeunesse, l'esprit d'espérance et d'entreprise qui caractérisent les « nouveaux Russes » ayant pris la direction du monde des affaires. Tandis que l'Iran est un pays jeune, dont les nouvelles générations, décidées et rayonnantes n'ont plus rien à voir avec les « vieilles barbes » cléricales, plus qu'anachroniques, qui en accaparent la direction politique. Dans ce contexte, les obsessions extravagantes de la classe dirigeante iranienne, telles les récentes invocations du président Ahmadinejad à l'inévitable chute de l'« entité sioniste » – apparaissent comme une tentative de séduction à destination de la rue arabe et, tout autant, comme un effort désespéré de brouiller l'image trop crue de son isolement, de masquer l'impopularité et la fragilité politique croissante du gouvernement, qui a cru nécessaire de « confisquer » les dernières élections de juin 2009.

Israël : de l'espoir à l'angoisse

L'État d'Israël est un de ces pays importants sur le plan stratégique qui résistent à la classification en termes émotionnels. Comme en Russie, on y trouve un mélange de peur, d'espoir et d'humiliation. Il peut sembler étrange qu'un vieil et grand empire et un petit État très jeune présentent des problèmes d'identité similaires. Mais tous deux ont des relations difficiles et ambiguës avec l'Europe, et tous deux, se sentant encerclés par des forces hostiles, éprouvent un sentiment marqué de vulnérabilité, bien qu'ils se targuent, dans leur région, d'être sans rivaux économiques ou militaires.

La peur, en Israël, est fondée sur plusieurs facteurs, et au premier chef sur la démographie. Les juifs israéliens sont tout simplement trop peu nombreux en comparaison de la population arabe, dont le taux de croissance signifie, à moins que ses frontières ne soient bientôt redessinées, qu'Israël est voué à devenir une nation à majorité arabe. À plus grande échelle, lorsqu'on compare le nombre de juifs et de musulmans dans le monde – comme le font sans doute les juifs d'Israël –, on ne peut s'empêcher de voir les premiers comme un groupe minuscule et vulnérable dressé contre une masse qui ne cesse de croître, de plus d'un milliard de personnes, répandue sur plus d'une douzaine de nations, dont la plupart sont, de fait ou virtuellement, hostiles à Israël.

Si l'on ajoute à ces facteurs démographiques la violence politique locale et les menaces stratégiques régionales auxquelles Israël doit faire face, la peur ressentie par sa population n'est pas difficile à comprendre. Il serait tentant d'opposer la victoire de la société israélienne dans la seconde Intifada à la défaite de l'armée israélienne dans la guerre du Liban, en 2006. Une « défaite » que la guerre de Gaza à l'hiver 2008-2009 visait à effacer. Comme nous l'avons noté plus haut, ne pas gagner, pour Israël, c'était perdre, et pour le Hezbollah, ne pas perdre, c'était gagner. Néanmoins, les bombes humaines sont parvenues à distiller la peur dans la société israélienne, rattrapant presque par leur sacrifice inhumain l'avance technologique de l'adversaire et stupéfiant le monde en transformant leur propre corps en arme de précision. Le mur de sécurité, construit par les Israéliens entre eux-mêmes et la menace des Autres, matérialise, mieux que tout, cette sensation justifiée de peur.

La peur vient aussi d'Iran, actes et paroles mêlés, avec ses provocations verbales et son ambition nucléaire. Un pays imprégné d'une idéologie aussi absolue, dont l'hostilité à Israël est affichée, peut-il être autorisé à posséder l'arme absolue ? Pour l'État hébreu, composé spirituellement et, dans une certaine mesure, physiquement de survivants de la Shoah et de ceux et celles qui en sont malgré tout les descendants, toujours conditionnés par ce passé, c'est une menace intolérable, non seulement à l'égard de leur patrie mais du peuple juif tout entier. Psychologiquement les dirigeants iraniens jouent avec le feu.

Pourtant, l'espoir existe aussi, abondamment, en Israël. La création du pays elle-même ne peut être vue que comme le triomphe de l'espoir sur la simple raison. « Il est raisonnable de croire aux miracles », comme aimait à le dire David Ben Gourion, le premier dirigeant du jeune État. Aujourd'hui, des succès remarquables, dans tous les domaines, qu'il s'agisse du commerce, de la technologie, des sciences, de la littérature ou des arts – notamment dans le cinéma et la danse – renforcent ce sentiment d'espoir. Et la fierté qu'en éprouvent les Israéliens compense, jusqu'à un certain point, la frustration suscitée par la piètre qualité de l'élite politique (comme le montre la mauvaise gestion d'un problème palestinien qui ne fait qu'empirer) et par l'*establishment* militaire depuis la malheureuse guerre du Liban, sans parler de Gaza. Comme on le dit en plaisantant, en Israël, tout va bien, sauf l'essentiel. En fait, on pourrait presque parler d'une « italianisation » d'Israël, avec une société qui a plus de ressort que jamais et un État affaibli, prisonnier d'un système électoral proportionnel et de dirigeants politiques médiocres. Mais l'Italie demeure dans l'Union européenne, et Israël est bel et bien au Moyen-Orient !

Une majorité d'Israéliens refuseraient probablement de le reconnaître, mais un sentiment d'humiliation, à vrai dire un ressentiment, hante également la culture juive israélienne, constituant pour le processus de paix un obstacle persistant. Certes, essuyer les attaques constantes d'ennemis terroristes qui ne peuvent être ni éliminés ni neutralisés crée à la longue un sentiment de frustration et d'impuissance qui ressemble beaucoup à l'humiliation. Mais la situation au Moyen-Orient ne suffit pas à expliquer ce que ressentent les Israéliens, qui est aussi le produit de l'histoire juive. Les enfants maltraités maltraitent souvent leurs propres enfants. La façon dont les Israéliens traitent les Palestiniens, mélange d'ignorance, de dédain et de brutalité, a peut-être son origine dans le passé juif récent, dont Israël porte encore la cicatrice. Le poids excessif de l'histoire auquel vient s'ajouter l'ignorance délibérée de l'Autre, voilà de quoi constituer le mélange émotionnel le plus détonant qui soit.

L'Afrique, entre espoir et désespoir

Ces dernières décennies, l'Afrique a souffert d'un processus aggravé de marginalisation internationale, exacerbé par la fin de la guerre froide, qui l'a fait disparaître de l'échiquier où elle avait pourtant représenté un enjeu pour les deux superpuissances. La violence ethnique qui s'est récemment déchaînée au Kenya, le pays d'Afrique où l'on s'y attendait le moins, compte tenu de sa relative prospérité et de sa stabilité politique, sans parler de la tragédie zimbabwéenne – aux accents de plus en plus shakespeariens – ont eu des conséquences particulièrement négatives sur l'image internationale, déjà dégradée, du continent africain. Si des massacres sont possibles au Kenya, quel espoir peut-on raisonnablement fonder sur le reste du continent ?

Pourtant, malgré une impression persistante de désolation, renforcée par la tendance des médias à privilégier les mauvaises nouvelles sur les bonnes, l'Afrique est en train d'émerger, quoique lentement, de sortir des abîmes de pauvreté et de corruption où elle était tombée. Les maux historiques du colonialisme, les échecs de la décolonisation, qui les aggravèrent, puis ceux des modèles de développement empruntés à l'Occident, qu'ils soient marxistes ou capitalistes, tout cela se tient désormais à distance d'au moins une génération. Si certains commentateurs contemporains, qui aiment l'Afrique, à l'instar de l'éditorialiste du *New York Times* Nicholas Kristof, vont jusqu'à la qualifier de « terre d'espérance », cela signifie qu'au-delà des apparences et du désespoir sans fin, on peut y déceler des changements positifs[1].

Les raisons de ce changement de perspective sont cependant lourdes d'ambiguïté. Les investisseurs étrangers, attirés par les immenses ressources en énergie du continent et par son incomparable richesse en matériaux rares et précieux, redécouvrent l'Afrique : Indiens, Brésiliens, Américains et surtout Chinois, qui ont un besoin urgent de garantir leur approvisionnement énergétique. Et parce que les Chinois sont, parmi ces étrangers, les moins aptes ou les moins enclins à donner des leçons de « bonne gouvernance » à des régimes africains « arriérés », ceux-ci, en retour, trouvent qu'il est effectivement plus commode de négocier avec eux. Des deux côtés, l'avidité et la peur sont de puissants moteurs.

Peur, pour les Chinois, du chaos absolu, qui leur couperait l'accès aux indispensables ressources de l'Afrique ; peur, pour les régimes africains, de perdre leur pouvoir sans la présence d'un client « compréhensif ».

L'attitude des Européens envers l'Afrique, notamment de ceux dont le pays était une puissance coloniale, oscille entre une préoccupation sincère pour l'avenir du continent et un mélange similaire d'avidité et de peur, avec l'angoisse de voir se précipiter en trop grand nombre les Africains vers l'Europe, fuyant la vie de misère qui les attend chez eux. La mer Méditerranée n'est plus le « berceau de la civilisation » décrit par Fernand Braudel ; elle est devenue ce lac où les riches de ce monde, en croisière sur leurs yachts, peuvent le temps d'un regard apercevoir les réfugiés de l'autre rive, accrochés à leurs frêles esquifs, et qui risquent leur vie pour atteindre le « paradis européen ».

Le nouveau projet d'Union pour la Méditerranée du président français Nicolas Sarkozy est animé, au moins en partie, par la nécessité de fournir une réponse au problème de plus en plus aigu des réfugiés. Le raisonnement, parmi les Européens éclairés, est simple : nous devons donner aux Africains un avenir en Afrique si nous voulons qu'ils restent où ils sont.

Mais toute tentative européenne de réformer l'Afrique doit compter sur la participation active des Africains. L'idée que l'Afrique, après quarante années d'indépendance, sera « sauvée » par l'intervention de l'Occident est à la fois déshonorante pour les Africains eux-mêmes et décourageante pour ceux des Occidentaux qui souhaitent réellement le bien de l'Afrique. Elle est aussi erronée. L'un des événements politiques les plus importants du XXe siècle, la fin de l'apartheid et l'avènement pacifique de la loi de la majorité en Afrique du Sud, moment transcendant, fut l'œuvre des Africains eux-mêmes. Frederik De Klerk eut l'intelligence et le courage de comprendre avant qu'il ne soit trop tard que le maintien d'une minorité blanche en Afrique du Sud requérait non seulement la fin de l'apartheid, mais aussi la remise du pouvoir à la majorité noire. Il eut la chance d'avoir pour partenaire Nelson Mandela, un homme justement célébré comme l'un des plus grands de son temps, animé non par un esprit de vengeance mais de réconciliation. Si les Palestiniens avaient eu un Mandela, plutôt qu'un Arafat, faible et incompétent… Si Yitzhak Rabin, le De Klerk israélien, n'avait pas été assassiné par un fanatique…

Aujourd'hui, en dépit de sa fragilité politique, l'Afrique du Sud est une véritable nation, noire et blanche, qui a scellé son unité par les victoires de son équipe à deux Coupes du monde de rugby, en 1995 et 2007, et s'apprête à la confirmer aux yeux de la planète par le prochain accueil, sur son sol, du Mondial de football, en 2010. L'expérience sud-africaine est une leçon pour tout le continent : la communauté internationale peut faire la différence, mais elle ne peut créer ni imposer les conditions de la paix et du développement.

Et ces conditions requerront partout d'énormes changements, y compris en Afrique du Sud, où la démocratie est minée par la montée de la violence et de la corruption. Les problèmes qu'affronte l'Afrique sont bien connus : la propagation du sida – la maladie affecte 20 %

de la population sud-africaine ; la grande pauvreté dans laquelle des centaines de millions de personnes demeurent prisonnières ; enfin, des frontières artificielles, héritées de la période coloniale, qui affaiblissent le sentiment de l'unité nationale et sont en constant danger de rupture le long des lignes ethniques ou tribales. L'Afrique est, de loin, le continent où la guerre et la violence font le plus de ravages. Du Darfour à la Sierra Leone, du Congo à la Côte d'Ivoire, de terribles histoires de misère et de meurtre nous parviennent, où le viol fait fonction, en certains cas systématique, d'arme de terreur et d'humiliation. Presque partout, la corruption et l'incompétence des gouvernements auxquelles se mêle la crainte omniprésente du crime et de la violence font partie de la vie quotidienne et sont acceptées comme telles.

Demeurent pourtant des raisons d'espérer. Une nouvelle génération de dirigeants a vu le jour, dont le président Paul Kagame, au Rwanda, ou la présidente du Liberia, Ellen Johnson-Sirleaf, sont parmi les meilleurs exemples – le premier se concevant lui-même comme un homologue africain de ce que fut Lee Kuan Yew à Singapour –, autocrates éclairés, prêts à amener leur nation, d'une main forte mais bienveillante, dans le XXIe siècle. Mais il faut aussi compter, d'une façon générale, sur le rôle de plus en plus important pris par les femmes, dont la Kenyane Wangari Maathai, militante infatigable des droits de l'homme et de l'environnement, Prix Nobel de la paix 2004, est aujourd'hui le vivant symbole. Elles sont, et elles le revendiquent, le moteur de l'espoir africain.

Un espoir qui se décline aussi, quoi qu'on en dise, dans le domaine économique. De plus en plus de pays adoptent le modèle du Botswana, accueillent les investisseurs étrangers et suivent les lois du marché. Hormis le Rwanda, comme le remarque Nicholas Kristof, « des pays comme le Mozambique, le Bénin, la Tanzanie et l'île Maurice tentent de construire l'avenir grâce à leurs relations commerciales plutôt qu'à l'aide internationale ». Kristof termine même son article par un conseil à ceux qui voudraient investir : « Achetez de l'immobilier au Bénin et au Rwanda ! » – Pari audacieux ? Sans doute[2]. L'Afrique est un continent entre deux mondes, hésitant entre le désespoir et l'espoir, prête, voudrait-on croire, à émerger, pour la première fois depuis des décennies, sinon des siècles.

Si l'art préfigure la vie, alors l'espoir sortira vainqueur de ce combat. À Londres, la saison théâtrale 2008 connut un grand moment : *La Flûte enchantée* de Mozart, proposée dans une mise en scène venue d'un *township* sud-africain, jouée avec des instruments traditionnels. La musique irradiait d'une joie, rayonnait d'une énergie qui portaient au-delà encore de l'universel génie mozartien – l'esprit de l'Afrique venant à la vie le temps d'un spectacle.

L'année précédente, était donné à Paris *Bintou Wéré, un opéra du Sahel*. Dans la dernière scène, une jeune mère, qui a traversé le désert et mis au monde son enfant dans l'enclave européenne de Melilla, est renversée par une voiture du rallye Paris-Dakar. Mortellement blessée, elle engage un dialogue avec le chœur, se demandant si l'enfant doit être élevé en Europe ou en Afrique. Elle finit par choisir l'Afrique. Cette décision a valeur de symbole. C'est chez eux, dans leur patrie, que les Africains devront créer l'espoir, pour se délivrer des chimères qu'ils vont chercher ailleurs.

L'Amérique latine : entre « populisme » et progrès

La situation de l'Amérique du Sud diffère sensiblement de celle de l'Afrique, même si certaines leçons communes peuvent être dégagées des deux continents. On trouve moins de désespoir en Amérique latine, mais aussi, peut-être, moins d'espoir. Le Brésil aime à se peindre lui-même sous des traits « chinois », ou bien comme les États-Unis de l'Amérique latine ; il est aussi convaincu que celui qui pourrait lui disputer ce rôle, le Mexique, n'est qu'un lointain second. Le Brésil éclate d'énergie, de dynamisme et d'optimisme, mais souffre aussi terriblement des maux qui assaillent le continent.

Considérons le fléau de la violence. En 2005 – année moyenne –, quarante mille personnes ont été tuées par balle dans tout le Brésil, et deux mille dans la seule ville de Rio de Janeiro. Beaucoup d'entre elles ont trouvé la mort sous des balles « perdues », parce qu'elles étaient au mauvais endroit au mauvais moment. Le mélange d'inégalités sociales et de dynamisme économique peut évoquer l'Asie, mais le spectre de la violence, même s'il a un peu reculé dernièrement, donne aux inégalités brésiliennes une tonalité pour le moins sinistre. Les quartiers riches de Rio de Janeiro, entourés par les célèbres *favelas*, sont devenus des forteresses protégées par de hauts murs et des milices privées ; leurs résidents eux-mêmes sont souvent lourdement armés (cette tolérance à l'égard des armes à feu rappelle les États-Unis).

Malgré cela, l'espoir demeure l'émotion dominante au Brésil. Le régime du président Luiz Inácio da Silva, Lula, malgré ses limites – notamment son indulgence pour ce qui touche à la corruption –, a même quelque chose de rassurant, dans son inspiration, en partie puisée aux sources du syndicalisme chrétien. Malheureusement, nous ne pouvons en dire autant des autres pays du continent, à l'exception du Chili – qui redécouvre, après l'ère Pinochet, de terrible mémoire, sa solide tradition démocratique – et peut-être de l'Argentine – malgré une situation économique décidément confuse – et de la Colombie – où la fermeté du président Uribe dans sa guerre contre le mouvement révolutionnaire des FARC paraît porter ses fruits.

Le continent sud-américain évolue, semble-t-il, par cycles. Lorsque les régimes militaires des années soixante et soixante-dix s'avérèrent incapables de résoudre la crise économique, ils furent suivis, dans les années quatre-vingt et quatre-vingt-dix par le retour de la démocratie et de civils au gouvernement. Aujourd'hui, avec l'émergence d'un nouveau type de dirigeants nationaux, tels le Bolivien Evo Morales ou le Vénézuélien Hugo Chávez, l'Amérique latine connaît un cycle « populiste », faisant suite à une décennie de libéralisme économique extrême, ayant, par exemple, poussé l'Argentine au bord de la ruine.

Premier symbole de l'influence déstabilisatrice de la gauche « révolutionnaire », la figure d'Hugo Chávez a remplacé celle de Fidel Castro. Chávez a moins de charisme, mais aussi moins de *gravitas* (la « valeur » romaine) que Castro – il illustre en fait l'adage marxiste : « Les grands événements et personnages de l'histoire se répètent pour ainsi dire deux fois […] : la première fois comme tragédie, la seconde fois comme farce. » Mais Chávez, à la barre d'un « pétro-État », possède une chose que Castro n'a jamais eue : des liquidités à foison. En rachetant les dettes abyssales de l'Argentine, il ne fait pas seulement des profits potentiels à sa mesure, il étend à l'échelle continentale son influence.

L'actuel cycle populiste en Amérique latine est moins fonction de l'espoir que de l'humiliation. Tandis qu'en Inde les problèmes avec l'ancienne puissance coloniale – la Grande-Bretagne – sont pour la plupart résolus, c'est loin d'être le cas en Amérique latine, où les relations avec les *Gringos* nord-américains demeurent à la fois centrales et difficiles.

Certes, les États-Unis sont les principaux responsables de cette situation psychologique et politique. Ils semblent continuer à se comporter envers leur « arrière-cour » latino-américaine – pour reprendre ce terme condescendant – comme les puissances européennes, qu'ils ont sévèrement dénoncées, ont pu le faire envers leurs anciennes colonies africaines. Si désormais ils n'interviennent plus directement, ils constituent toujours un facteur vital d'équilibre et une source d'ingérence peu appréciée en Amérique latine.

Au-delà de l'humiliation, on trouve aussi la peur – mais là encore curieusement mêlée à des émotions opposées. Les États faibles, voire en faillite, ne manquent pas plus en Amérique latine qu'en Afrique. Les cartels de la drogue leur disputent le monopole de l'usage légitime de la violence. Dans des pays comme la Colombie – bien que Bogotà soit aujourd'hui plus sûre que la plupart des grandes villes brésiliennes – les guerres civiles se prolongent depuis des décennies. Mais on peut cependant parler, à en juger par les taux de croissance, d'une sorte de « miracle économique colombien ». Armés de leurs puissantes réserves de liquidités, les pétro-États comme le Venezuela se comportent en superpuissances régionales de l'énergie, s'efforçant de contrebalancer les influences américaine et brésilienne sur le continent, tout en exprimant ce qui ressemble à une révolte populiste contre les élites nationales.

Au commencement du XXIe siècle, le jury délibère toujours sur le cas de l'Afrique et de l'Amérique latine. Les milieux politiques, pas plus que les milieux d'affaires ou tous ceux qui sont concernés par le développement, ne peuvent ignorer ces deux continents. Mais ce n'est pas là – pas encore diront les optimistes – que se décide l'avenir du monde ni qu'il se décidera dans un futur prévisible.

VII

Le monde en 2025

Déchiffrer le monde et le comportement collectif des nations au moyen des émotions, la prétention aura paru hérétique à la plupart des spécialistes des relations internationales et des sciences politiques. Persistant dans mon « erreur », j'aimerais pourtant terminer ce livre en me livrant à un exercice d'anticipation historique, dans le but – louable je l'espère – de susciter un réflexe citoyen.

Des deux directions, la meilleure est peu probable, mais la pire n'est pas non plus inévitable. Le message que je voudrais faire passer dans ce chapitre de conclusion peut être résumé en quelques mots : « Votre destin est entre vos mains. À vous de choisir ! »

Cela dit, voyons à quoi notre monde pourrait ressembler si la peur venait à l'emporter ou si, à l'inverse, l'espoir en prenait la barre. Les deux scénarios que je vais présenter sont bien sûr des caricatures. La réalité se trouve probablement quelque part entre ces deux extrêmes.

Du scénario le plus terrible, nous dirons que les Cassandre sont nécessaires car elles sonnent l'alarme. Mais elles peuvent également devenir dangereuses lorsqu'elles servent une culture de la peur. Telle n'est pas mon intention. J'espère donc que mes supputations concernant un monde où la peur aurait triomphé seront prises avec la circonspection nécessaire. Elles illustrent ce qui peut nous arriver si nous commettons l'erreur de permettre aux émotions négatives de dominer notre jugement.

Quant au scénario le plus optimiste, je suis assez réaliste pour savoir qu'il n'est qu'un rêve, et qu'il ne se matérialisera pas sous les traits exacts que je lui donne. Mais on ne rêve pas sans motif. Il est bon d'indiquer la direction que le monde pourrait prendre sous la houlette de bons dirigeants, armés de bons principes, ayant à leur disposition les bons mécanismes institutionnels – à qui la chance saurait aussi sourire de temps à autre. Un tel rêve peut inciter à mieux faire, à œuvrer pour un monde meilleur avec une ténacité renouvelée.

La peur prévaut

Nous sommes en novembre 2025. À Tel-Aviv, Israël commémore le trentième anniversaire de l'assassinat d'Yitzhak Rabin, dans la tristesse et l'inquiétude. Depuis le début de la quatrième Intifada en 2018, les conditions de sécurité se sont encore dégradées, non seulement en Israël et en Palestine mais dans tout le Moyen-Orient. Il en est résulté un exode graduel des populations tant arabe que juive d'Israël, car tous ceux qui pouvaient vivre ailleurs ont préféré fuir, échapper non seulement à la violence omniprésente, mais aux restrictions de liberté qu'impose un climat de quasi-loi martiale.

L'obsession de la sécurité, et le poison qu'elle distille dans la vie quotidienne, n'est pas le seul privilège d'Israël. De fait, on peut désormais parler d'une « israélisation » du monde. La culture de la peur est devenue universelle, ou peu s'en faut, surtout depuis que des réseaux terroristes ont utilisé, avec le succès qu'on sait, des armes biologiques, dans les attentats de San Francisco, Londres, Paris, Prague, Tokyo, Mumbai, et dans plusieurs autres villes d'Asie et d'Europe, lors de la tristement célèbre campagne de la « Mort blanche », en 2019-2020. À la suite de ces attaques, qui firent quelque trente mille morts, la plupart des gouvernements ont pris des mesures de sécurité drastiques. Les frontières sont fermées ; la carte nationale d'identité est pour ainsi dire obligatoire dès qu'on envisage la moindre activité économique ; les mouvements d'opposition (y compris non violents) sont interdits, et leurs dirigeants ont été arrêtés ; la vie quotidienne passe sous les fourches caudines des points de contrôle de l'armée, des fouilles au corps, et autres désagréments qui maintiennent des millions de gens dans un état constant de tension, de frustration et d'anxiété.

Il n'existe plus, bien entendu, ni arbitre global ni gendarme international capable de canaliser et de coordonner une réponse mondiale à la menace terroriste. Les Nations unies et les institutions qui en dépendaient sont tombées en désuétude après avoir maintes fois échoué à se réformer elles-mêmes. Le multilatéralisme est mort, et avec lui l'espoir d'un monde d'unité et de stabilité fondé sur le consensus et les principes du droit.

Certains avaient espéré que les États-Unis viendraient remplir le vide laissé par la disparition des institutions multilatérales et pallier ce manque de direction. Malheureusement, en dépit de l'espoir suscité par la victoire de Barack Obama, ils n'en eurent ni les capacités ni la volonté. Financièrement, économiquement, militairement et moralement épuisés par les guerres ruineuses menées au Moyen-Orient, ils se sont recroquevillés dans leur coquille néo-protectionniste. Ils ont progressivement retiré leurs forces de toute terre étrangère et – plus grave – ont sévèrement réduit leur engagement diplomatique, partant, leur potentiel de résolution des problèmes. Ce glissement s'est confirmé en 2013, avec l'élection d'un président ultra-nationaliste, qui s'est empressé d'annoncer une réduction draconienne des forces armées, dont les effectifs restants ont été déployés aux frontières avec le Mexique et le Canada, désormais considérablement renforcées.

À bien y réfléchir, ce retrait était peut-être inévitable. Déçus par leurs fiascos sur la scène du monde, les Américains ont commencé à en rechercher compulsivement des explications, allant jusqu'à remettre en question leur propre identité nationale. La vision qu'offrait Paul Kennedy du déclin de l'Empire américain est bel et bien devenue réalité en 2025[1]. En conséquence de quoi une Amérique affaiblie ne dispose plus ni de la puissance militaire ni de l'influence culturelle qui en faisaient, depuis 1941 et son intervention dans la Seconde Guerre mondiale, cette nation indispensable.

Les autres puissances occidentales souffrent quant à elles d'une sorte de dépression nerveuse, qui amoindrit leurs facultés émotionnelles et psychologiques. En Europe, la « balkanisation », que beaucoup avaient crainte dans les années quatre-vingt-dix, durant le démantèlement de la Yougoslavie, est lentement devenue réalité. Il est difficile de dire ce qui a provoqué le vertigineux effilochage de l'idéal européen. Peut-être fut-ce la nouvelle explosion de violence qui ravagea les Balkans en 2015 sur la question du Kosovo, et qui fit une fois de plus la preuve de l'impuissance des institutions européennes. Peut-être fut-ce l'implosion pacifique mais irresponsable de la Belgique en 2012, ou les déclarations d'indépendance, qui lui succédèrent, de l'Écosse, du pays de Galles et de la Catalogne. Quelles qu'en furent les causes précises, le résultat est clair. Après avoir usé avec une telle insouciance des émotions, pour réhabiliter le nationalisme et invoquer l'autodétermination économique, les dirigeants européens se sont trouvés incapables de contrôler les forces qu'ils avaient libérées. Ce qui, au départ, était apparu comme une simple victoire de la position britannique sur l'Europe – le choix d'une confédération décentralisée et peu contraignante, plutôt que d'une puissance unifiée – a finalement conduit à l'échec l'Union européenne, désormais menacée de dissolution. Dans l'irrésistible processus de divorce entre l'Union et ses citoyens, illustré par le triple « Non » des Français, des Hollandais et des Irlandais aux référendums sur le Traité constitutionnel, les institutions européennes, la Commission en particulier, eurent leur part de responsabilité. De plus en plus incapables d'articuler les sentiments et les demandes de la société, elles étaient devenues prisonnières d'elles-mêmes, dans un monde ébranlé par l'augmentation constante du prix des matières premières, de l'énergie à l'alimentation. De fait, les sociétés européennes en étaient venues à considérer l'Europe comme partie du problème et non plus de la solution.

Jusqu'à présent, la guerre a épargné le cœur de la « vieille Europe », mais elle menace ses marches, des Balkans et du Caucase au détroit de Gibraltar. L'Europe s'est réduite à une sorte de *Magna Helvetia*, une Suisse géante, la prospérité en moins, privée des énergies de la jeunesse – elle a fermé ses frontières aux migrants qui lui font cruellement défaut –, militairement impuissante, égoïste, ayant perdu sa raison d'être, musée de son propre passé, dominée par la peur et encerclée de dangers. Pour avoir abandonné l'idée d'être un acteur stratégique et diplomatique sur la scène du monde, l'Europe n'est même plus un modèle, sinon un « modèle d'impuissance ».

La Turquie, voisin instable et densément peuplé, suscite bien des craintes. Après avoir compris que l'Europe ne les désirait pas dans son « club chrétien », les Turcs cherchent d'autres solutions. Partagée entre l'idée d'un retour à une sorte de gloire néo-ottomane et la tentation d'une forme radicalisée de l'islam, ce qui reste de la Porte, autrefois sublime, menace de s'effondrer. C'est désormais un vrai pays du Moyen-Orient, qui n'a rien à envier aux autres, et s'avère un relais efficace des haines ethniques et religieuses de toute la région. Quant à la Russie, elle est dorénavant perçue comme elle l'était au temps de la guerre froide : une « menace », une source permanente de déstabilisation qui n'hésite pas à s'allier avec les pays les moins recommandables de la planète, dans sa volonté d'exister à tout prix – elle n'est plus l'Empire du mal, elle n'est qu'un de ses royaumes. Contrairement à la Biélorussie, qui a officiellement réintégré le giron de l'Empire russe, l'Ukraine et la Géorgie, ou ce qu'il en reste après la redéfinition de leurs territoires, sont toujours indépendantes, mais leur liberté est toute formelle ; les décisions des gouvernements fantoches de Kiev et de Tbilissi sont dictées depuis Moscou.

Pourtant, le sort de l'Europe semble toujours enviable lorsqu'on le compare à celui des autres continents.

L'Asie n'est plus cette terre d'espoir qu'elle incarnait avec brio dans les premières années du XXIe siècle. Elle est retournée à ce qu'elle était dans les années cinquante et soixante : le continent de la guerre.

Le processus s'enclencha, comme on pouvait s'y attendre, avec l'agression de Taïwan par la Chine, en 2014. Elle fut dictée par des considérations intérieures. La surchauffe de l'économie chinoise s'était traduite par une inflation vertigineuse, et les taux de croissance se payaient par la dévastation de l'environnement, par une crise sociale profonde et par une agitation politique de plus en plus violente. En désespoir de cause, les dirigeants communistes de Pékin jouèrent la carte nationaliste, l'arme de la dernière chance pour se maintenir au pouvoir. L'usage immodéré que faisait Taipeh de la rhétorique et des symboles de l'indépendance offrit à Pékin le prétexte idéal pour lancer ses troupes contre l'île dissidente. Les États-Unis refusèrent d'intervenir directement, mais l'aide militaire qu'ils fournirent retarda l'issue de la guerre et compliqua la tâche des Chinois.

À présent, l'empire du Milieu est réuni. Mais à quel prix ? C'en est terminé de la croissance économique chinoise. Ayant échoué à se réformer sur le plan politique, la Chine et l'Inde, pour détourner l'attention de leurs citoyens des fautes de leurs gouvernements et leur faire oublier les émeutes de la faim sont retombées dans la rhétorique nationaliste ; leur situation alimentaire est tragique et ne vaut guère mieux que celle du continent africain. Les tensions maintenant palpables entre ces deux géants asiatiques, conséquence directe de leurs difficultés intérieures, pourraient d'un moment à l'autre tourner à une guerre ouverte, qui ne connaîtrait plus les limitations culturelles et techniques qui s'étaient exercées, au temps de la guerre froide, sur les États-Unis et l'Union soviétique. En outre, leur situation démographique leur permet – à vrai dire, de façon plus nette pour la Chine non démocratique – de caresser une idée dangereuse : que valent les vies de quelques « petits » millions de personnes au regard de la gloire nationale ?

Il s'ensuit que l'Asie presque toute entière est en ébullition, Cambodgiens contre Thaïlandais, Vietnamiens contre Cambodgiens… Pris en tenailles entre un Pakistan intégriste, inspiré des talibans, évidemment doté de l'arme atomique, et le comportement ouvertement agressif de la Chine et de l'Inde, les Japonais ont fait bon marché de leur aversion pour une force armée qui leur avait fait tant de mal par le passé : ils sont venus grossir le club des puissances nucléaires asiatiques. Cet équilibre instable de la terreur fait trembler la région, devenue trop risquée au goût des investisseurs internationaux ; la croissance économique de toute l'Asie est plus que menacée.

Plus profondément encore, la culture asiatique de l'espoir a été minée par la dégradation de l'environnement – que l'envolée irrésistible des prix de l'énergie n'a pu contenir – et par l'extrémisme religieux. Le développement économique incontrôlé et ses conséquences écologiques ont contribué à créer en Asie une culture légitime de la peur, à mesure des tsunamis, raz-de-marée, typhons et glissements de terrain, de plus en plus fréquents et violents, à mesure aussi des coûts de plus en plus élevés pour la santé publique d'une pollution effrénée. Dans le même temps, l'« arabisation » croissante de l'islam asiatique a débouché sur une radicalisation des fondamentalistes hindous, et participe du climat d'intolérance religieuse qui se répand dans toute l'Asie. Aujourd'hui, même des pays comme Singapour ont perdu leur magie séductrice ; les relations intercommunautaires (par exemple entre Indiens et Chinois), là comme ailleurs, se tendent.

L'Occident sombrant dans la confusion et l'Asie ayant troqué l'espoir contre la peur, le continent africain est devenu la proie du désespoir, du dépeuplement et des guerres interethniques. Chinois, Indiens, Américains et Européens, accaparés par leurs propres difficultés, ont abandonné l'Afrique. Laissés à eux-mêmes, les Africains sont retournés aux pratiques et aux comportements qui les avaient par le passé conduits à l'échec. Les maladies infectieuses sont endémiques sur le continent, les taux de pauvreté reprennent leur hausse un moment ralentie et la corruption des gouvernements sévit comme jamais.

Même l'expérience de l'Afrique du Sud d'après l'apartheid a tourné court. Face à l'irrépressible escalade de la violence, une majorité de la communauté blanche a quitté le pays, à destination, dans bien des cas, de l'Australie ou de la Nouvelle-Zélande. Quel sens peut avoir la réconciliation lorsque ni la paix ni l'espoir dans l'avenir ne l'accompagnent ?

L'Amérique latine est victime, elle aussi, du chaos qui semble emporter le monde. Les deux géants du continent, le Brésil et le Mexique, ont souffert, malgré des stratégies de développement différentes. Ayant choisi de s'aligner sur les États-Unis en intégrant l'Accord de libre-échange nord-américain (ALENA), le Mexique a été frappé de plein fouet par la crise de confiance qui affecte son puissant voisin et par les politiques protectionnistes et néo-isolationniste menées dès lors par celui-ci. Quant au Brésil, qui avait opté pour une stratégie économique globale, par méfiance, au moins en partie, envers les États-Unis, il a souffert sur les marchés mondiaux du retrait qu'ont amorcé la Chine et l'Inde, trop occupées de leurs problèmes internes et de leur rivalité militaire.

Le populisme, sous ses différentes formes, du « post-péronisme » au « post-castrisme », est en Amérique latine le seul gagnant véritable. Dans plusieurs pays, les institutions militaires ont réclamé une participation accrue au jeu politique, qu'elles contrôlent parfois en association avec les cartels de la drogue, plus puissants que jamais.

Chacune de ces décourageantes évolutions régionales a ses propres causes. Mais existe-t-il une force qui les subsume et que nous pourrions désigner comme l'élément moteur de l'effondrement mondial des vingt dernières années ? Sans doute. Et nous pouvons en tenter la définition suivante : *le choc des civilisations, qui n'était qu'une construction, une provocation intellectuelle, a été pris au sérieux, et peut-être même désiré, avec une telle insistance qu'il a fini par se produire.*

Lorsque Samuel Huntington, en 1993, publia l'article où s'énonçait pour la première fois sa notion tragique d'un choc inévitable entre Islam et Occident, nombreux furent ceux qui n'y virent qu'une exagération, teintée d'un peu d'hystérie. Mais dans les années suivantes, une série de processus presque irrésistibles sembla donner corps et réalité à son idée. Les attaques terroristes du 11 septembre 2001 n'en furent pas *la* cause, mais elles contribuèrent certainement à accélérer le cours des événements – parmi lesquels nombre d'incompréhensions et d'erreurs d'estimation ou de jugement – qui débouchèrent sur la triste situation que nous connaissons aujourd'hui. La crainte que se vérifie la conception de Huntington fut la force motrice du chaos – dépassant largement la conscience de ceux à qui il échut de prendre des décisions. « Les hommes font l'histoire, mais ils ignorent l'histoire qu'ils font », disait Hegel.

Les attaques aériennes lancées par les États-Unis et Israël contre l'Iran et qui conduisirent au renversement du président Ahmadinejad constituent peut-être le point d'inflexion de cette évolution tragique. D'un point de vue technique, ces bombardements furent couronnés de succès, mais, comme avant eux la guerre d'Irak, ils se soldèrent par une catastrophe politique, par une explosion de haine anti-occidentale dans tout le monde musulman.

La première victime de cette escalade des émotions fut le régime pakistanais qui s'avéra trop fragile pour résister à l'avènement des djihadistes et leur légua son arsenal nucléaire. La conséquence était inévitable : la course à l'armement et la prolifération ont désormais gagné le Moyen-Orient. Pour faire face à la menace d'un fondamentalisme nucléaire, l'Arabie saoudite, l'Égypte et la Turquie se sont toutes trois dotées de la bombe.

En réponse à quoi l'Occident est lui-même devenu une forteresse, qui rejette non seulement les personnes et les idées venues du Moyen-Orient mais les biens de consommation fabriqués en Asie. En Europe, les communautés immigrantes sont persécutées, victimes à la fois de violences armées de la part des populations natives locales et du harcèlement des autorités gouvernementales. À partir de 2018, les rafles et les déportations de dizaines de milliers d'étrangers se sont développées à l'échelle continentale, cinq ans après les vagues d'arrestations de ressortissants latino-américains qui avaient balayé les États-Unis. Partout, semble-t-il, dans la nouvelle atmosphère anti-mondialisation qui domine, l'Autre est devenu source de suspicion et de crainte. Le monde dans lequel nous vivons, si nous en écoutons la musique, n'est plus celui de Beethoven, coloré d'espérance, mais celui des dernières œuvres de Wagner, à la beauté tragique et barbare. Pour peu que nous en regardions les images il ressemble à une bande dessinée du Serbe Enki Bilal ou à ce vieux film de l'Américain Ridley Scott, *Blade Runner*. Il pourrait aussi nous évoquer la plus violente des tragédies de la vengeance que Shakespeare ait écrite, *Titus Andronicus*. C'est un monde de fureur et de désordre.

La situation globale appelle la comparaison avec le haut Moyen Âge européen, lorsque, après la chute de l'Empire romain, les peuples barbares occupèrent le centre de la scène et inaugurèrent une période de violences, de troubles, de chaos, dont les répercussions ne durèrent pas moins d'un millénaire. Où nous entraîne ce nouvel âge sombre ? Nul ne saurait le dire.

L'espoir prévaut

Nous sommes à Tel-Aviv, en novembre 2025, sur la place où fut assassiné Yitzhak Rabin il y a exactement trente ans et qui porte son nom. La ville accueille aujourd'hui une grande réunion internationale pour célébrer le cinquième anniversaire du traité de paix global au Moyen-Orient, qui a mis un terme à plus de soixante-dix ans de violence, d'insécurité et d'injustice. Les représentants de chacun des membres permanents du Conseil de sécurité élargi des Nations unies sont présents, à savoir, outre les États-Unis, la Chine, l'Inde, la Russie, le Brésil et l'Afrique du Sud, l'Union européenne, qui n'y est plus représentée, depuis son unification, que par un seul ambassadeur.

L'heureuse conclusion des pourparlers entamés cinq ans plus tôt apparaît encore aujourd'hui comme un immense succès. À vrai dire, après tant d'années de conflit, personne ne s'attendait à ce que la paix soit au bout du chemin. Peut-être la résolution, lorsqu'elle survint, fut-elle le résultat de la lassitude tout autant que d'un besoin de paix. Israéliens et Palestiniens étaient parvenus à la conclusion qu'ils avaient besoin chacun l'un de l'autre pour survivre (dans le cas d'Israël) ou simplement pour exister (dans celui de la Palestine).

Un à un, les éléments émotionnels du jeu de construction qu'est un traité de paix avaient commencé à se mettre en place. Les nations musulmanes réalisèrent que le sort des Palestiniens – obscur groupe local à leurs yeux, envers lequel elles n'avaient jamais ressenti de loyauté profonde – était devenu un dangereux abcès de fixation qui empêchait inutilement tout progrès. Les Israéliens en étaient venus à accepter la réalité des Palestiniens, contrepartie indéfectible de leur propre existence. « Paris vaut bien une messe », a résumé jadis Henri IV ; dans le même esprit, les Israéliens ont pensé : « La paix vaut bien qu'on lui sacrifie une part de Jérusalem et les territoires. » Et lorsque les Palestiniens eurent renoncé à faire valoir le droit au retour des réfugiés – passant de fait d'une culture de l'intransigeance à une culture du compromis –, la solution, dans ses grandes lignes, apparut. « La paix était à portée de main. »

Également importante, peut-être, fut la transformation de l'environnement international : les forces opposées à la paix s'affaiblirent beaucoup plus vite que celles qui lui étaient favorables, de sorte que l'absence de paix devint anachronique. Les États-Unis furent les principaux responsables de cette transformation.

En vérité, la culture de l'espoir a toujours été plus naturelle au peuple américain que celle de la peur. Aussi le regain de confiance des États-Unis après le traumatisme moral de la guerre d'Irak et l'élection décisive de 2008 n'eût-il pas dû constituer une si grande surprise. En quelques années, l'Amérique reconquit largement cette influence unique qui avait fait sa marque et redevint le pays le plus respecté de par le monde.

Ce revirement, elle en fut largement redevable à la nouvelle équipe dirigeante, qui prit acte, sans arrière-pensées, du déclin relatif du pays en termes classiques de puissance. Car si les États-Unis demeuraient la nation la plus puissante de la planète, et sans doute aussi de l'histoire récente du globe, la superpuissance de la guerre froide, l'hyper-puissance des années qui suivirent, se contentait désormais de tenir sa place dans le concert global. Leur dernière aventure impériale avait eu des conséquences tellement douloureuses sur leur société et leur économie que le « sacrifice » s'avéra beaucoup moins traumatisant pour les Américains eux-mêmes que ne le craignaient la plupart des commentateurs.

Libérés de la mission, qu'ils s'étaient eux-mêmes imposée, de transformer le monde en y exportant la démocratie, les Américains ont embrassé la cause de la protection de l'environnement avec une passion qui ne s'explique que par le côté puritain de leur culture. Après avoir ratifié une version amendée du protocole de Kyoto, l'Amérique est devenue le grand défenseur mondial des politiques écologiques. À partir de 2015, des normes révisées d'émissions de gaz polluants, un système de plafonnement allié à un marché de ces émissions, de nouvelles voitures hybrides et des contraintes plus sévères concernant la pollution de l'air ont permis une diminution nette de la production de gaz à effet de serre aux États-Unis.

Plus largement, l'attitude des Américains envers le monde a changé. Ils ont repris goût aux voyages internationaux. Encouragés par la personnalité même de leur président, dont les inclinations et les racines sont multiculturelles, ils se sont pris d'un intérêt inédit pour les langues et les cultures des autres pays. Une curiosité réelle, voire une empathie progressive, a remplacé le mélange d'ignorance et de dédain qui caractérisait autrefois les touristes américains à l'étranger. En retour, le monde a redécouvert les valeurs et les qualités qui ont fait l'Amérique : l'engagement pour la démocratie, l'ouverture d'esprit, la tolérance, l'innovation et la liberté, en somme un universalisme réel et positif.

Les écueils jumeaux de l'*hubris* impériale et du néo-isolationnisme dépassés, les États-Unis, qui sont demeurés engagés dans les affaires du monde, y apparaissent désormais comme un partenaire d'importance, certes, mais non plus comme l'unique arbitre ou le gendarme. Leur image internationale s'en est considérablement améliorée. La culture anti-américaine, qui était devenue un point de ralliement si populaire dans une Europe en mal d'identité, recule.

Durant les années deux mille dix, une série de dirigeants américains ont œuvré à la « réconciliation » avec l'ONU, comprenant qu'ils avaient besoin, en ces temps de complexité et d'interdépendance, d'un médiateur international fort et légitime. Seules les Nations unies pouvaient jouer ce rôle, renforcées par un Conseil de sécurité élargi, plus représentatif, et par une nouvelle secrétaire générale, dynamique et inspirée. Soutenue par les États-Unis, elle dispose pour remplir sa tâche d'une administration restructurée et d'une véritable force militaire. Les « mercenaires de la paix » essentiellement composés de Gurkhas, ces anciens soldats d'élite de l'armée britannique venus du Népal, réputés pour leur détermination et leur sens de la discipline, sont un moyen de dissuasion très efficace face aux agresseurs éventuels ou aux dirigeants qui seraient tentés d'utiliser la force contre leur peuple. Appliquée avec sagesse, la doctrine du « droit d'ingérence » a survécu aux errements de la guerre d'Irak et est devenue l'un des piliers du nouveau système juridique international.

Tout aussi importantes que la renaissance de l'ONU furent l'émergence progressive et l'acceptation d'un nouvel ordre multipolaire, facteur d'une relative stabilité sur la scène du monde. Pour les Européens, il manque en quelque sorte un retour à la normale, car un tel équilibre des puissances avait déjà prévalu, en Europe, entre le milieu du XVIIe siècle et la première moitié du XXe siècle. Mais à la différence de l'ancien système européen, ce nouveau « conseil des grandes puissances », informel, n'a pas comme ciment les principes de la monarchie, pas plus qu'il n'est d'ailleurs la grande alliance des démocraties que certains avaient proposée, outre-Atlantique, au début des années deux mille. C'est pourtant un ordre homogène et raisonnablement cohérent. Ses acteurs principaux sont en effet réunis par un seul et même principe, celui du respect de l'État de droit dont la mise en œuvre revient au premier chef à l'arbitre commun, les Nations unies. De même, la préoccupation du « bien-être écologique » de la planète est-elle devenue celle de tous, et l'absolue nécessité de surmonter victorieusement le défi du réchauffement global est-elle reconnue par chacun. Dans ce dispositif, le Tribunal international de La Haye, incarnation des droits et principes universels, joue un rôle clé.

Certes, dans le large éventail du nouveau Conseil se manifestent des divergences d'idéologies et d'intérêts. L'Europe et les États-Unis partagent une culture commune fondée sur les principes démocratiques. L'Inde, la grande démocratie asiatique, forme un pont entre l'Occident et les autres grandes puissances, la Chine et la Russie, qui, pour n'être pas encore sur le chemin de la démocratie, n'en ont pas moins compris l'intérêt qu'elles avaient à soutenir un système fondé sur les principes du droit, que ce soit à l'intérieur ou au plan international. La lente ouverture du régime chinois à une nouvelle génération de dirigeants n'ayant plus aucun lien personnel avec le passé communiste a ouvert la voie à l'imposition progressive de l'État de droit, sur le modèle de Singapour. Après presque vingt ans passés sous la férule, directe ou indirecte, de Vladimir Poutine, la Russie, elle aussi, s'achemine vers l'acceptation de l'État de droit, afin, surtout, de maintenir sa compétitivité et sa crédibilité commerciale.

Soucieuse de faire pièce au géant chinois, son voisin, la Russie est parvenue à la conclusion que son avenir était à l'Ouest. Elle forme donc avec l'Union européenne une sorte de « club », agissant de concert sur les questions les plus importantes et cherchant des solutions aux problèmes économiques dans un esprit de collaboration. Ce club, baptisé « Union pour une Grande Europe » a eu le mérite de créer un nouveau climat de confiance entre la Russie et ses voisins européens, y compris ceux qui étaient autrefois sous son influence, comme la Pologne. L'Ukraine, aujourd'hui membre de cette Union élargie, joue parfaitement son rôle de passerelle entre la Russie et l'Union européenne proprement dite, à la façon qui était précisément celle de la Pologne quinze ans plus tôt.

L'Union européenne a elle-même évolué dans un sens très différent pourtant de ce qu'avaient imaginé ses pères fondateurs. À partir de 2015, l'Europe ne s'est plus contentée de représenter un pouvoir exclusivement civil ou de ne jouer qu'un rôle économique ; elle est devenue une force militaire, limitée, mais avec laquelle il faut compter dans le cadre d'une Alliance atlantique rééquilibrée et vivifiée. Une telle évolution n'était possible qu'avec le retour de la France dans l'OTAN, chose faite en 2009. C'est une force européenne, à l'intérieur des structures de l'OTAN, qui a garanti l'application du traité de paix israélo-palestinien – développement naturel, puisqu'il était juste que l'Europe, pour partie à l'origine du problème moyen-oriental, avec ses responsabilités dans le colonialisme et la Shoah, fût aussi partie de sa solution.

Dans le réveil de l'Union européenne, trois facteurs ont principalement joué. Tout d'abord, l'attractivité de l'Union comme modèle est demeurée forte, l'ambition de la rejoindre ne s'étant jamais démentie chez les peuples de sa périphérie. À partir de 2016, l'ancienne Yougoslavie, ses souverainetés et identités multiples se trouvant *de facto* réunies sous l'égide de l'Union, était intégrée à la Communauté. Après la Croatie, en 2010, la Serbie, le Kosovo et le Monténégro y étaient entrés ensemble, suivis par la Macédoine et la Bosnie, puis par l'Albanie elle-même. Ainsi la paix et la prospérité européenne avaient-elles prévalu sur le spectre d'un retour de la guerre dans les Balkans. Dans ce processus d'élargissement approfondi, la justice avait rempli une fonction déterminante : l'arrestation puis le jugement des criminels de guerre par le tribunal de La Haye avaient pavé la voie de la réconciliation du continent entier avec lui-même.

Pour couronner la démonstration des charmes renouvelés de l'Union, la Turquie doit la rejoindre au plus tard avant la fin de cette année 2025. Les progrès de l'économie turque et la stabilité de ses institutions démocratiques ont impressionné les Européens encore réticents, encouragés par le climat de détente entre Islam et Occident, et ont achevé de les convaincre qu'il était temps de dépasser les préjugés du passé et le diktat de la géographie.

Le deuxième facteur crucial du réveil européen fut la relance du processus institutionnel ayant suivi la signature du Traité révisé en 2009. Les Européens se dotèrent dès lors d'un nouveau président, d'un ministre de la Défense, d'un ministre des Affaires étrangères et d'un corps diplomatique. Ce n'était plus qu'une question de temps pour que la France et la Grande-Bretagne acceptent, sans gaieté de cœur, mais prouvant leur sagesse, de céder chacune leur siège de membre permanent au Conseil de sécurité de l'ONU à un ambassadeur unique représentant toute l'Union.

Le troisième facteur fut de nature plus morale et psychologique. Au moment même où les Américains apprenaient la modestie et acceptaient le nouveau monde multipolaire, les Européens retrouvaient une énergie et un sens de l'ambition qui les avaient désertés pendant et après la guerre froide. Si le temps de la suprématie européenne – et tout bonnement occidentale – était révolu, l'Europe pouvait néanmoins continuer à jouer un rôle important sur la scène du monde. Les Européens sentirent là qu'ils avaient grandi, et que le moment était venu de transcender la fatigue qui les accablait depuis les grandes guerres du XXe siècle et de redevenir pleinement eux-mêmes. Avec des sociétés renouvelées par l'arrivée de nombreux immigrants, l'intégration et l'influence des nouveaux membres, mais aussi l'affirmation croissante des femmes dans la vie sociale, les Européens étaient désormais prêts à se déprendre de leur fascination pour le déclin, de leur cynisme envers eux-mêmes et le monde, de leur pusillanimité enfin. Aujourd'hui, l'Europe est de retour.

Certes, la liste actuelle des premiers rôles, qui en comprend six – les États-Unis, la Chine, l'Inde, la Russie, le Brésil et l'Union européenne –, n'est pas close. Dans un futur proche, il faudra compter avec d'autres forces, dont l'Afrique du Sud et la république de Corée réunifiée. Le Japon demeure un puissant acteur, économique bien sûr, mais aussi, depuis peu, diplomatique et politique.

Et puis il y a l'Afrique. Le passage du désespoir à l'espoir s'y est joué lors de la Coupe du monde de football en 2010, dont la phase finale était accueillie par l'Afrique du Sud, et qui fut un succès, l'équivalent psychologique, pour tout le continent africain, de ce qu'avaient été les jeux Olympiques de 2008 pour la Chine : la confirmation internationale d'un nouveau statut, celui d'une terre et de peuples qui comptent désormais dans le concert planétaire. Les dirigeants africains de la nouvelle génération ont oublié leur fascination pour les modèles étrangers, leur rêve de trouver une nouvelle vie en Europe et leur ancienne propension à compter sur les autres en même temps qu'à les blâmer. Ils ont décidé de prendre leur sort en mains.

Dans ce changement radical d'attitude, les investisseurs chinois n'ont pas joué les figurants. Le mélange d'avidité et d'intérêt qu'on leur connaît a convaincu les Africains qu'il leur fallait organiser eux-mêmes leur destin s'ils ne voulaient pas, une fois de plus, que d'autres leur en dictent les voies. Avec l'aide de la technologie chinoise, indienne et japonaise, mais guidé par ses propres dirigeants, le continent est devenu peu à peu le symbole de la croissance et des opportunités économiques. Après une série de découvertes scientifiques dans le traitement du sida, dont un vaccin, si longtemps cherché, publié en 2011, la santé publique en Afrique s'est considérablement améliorée et l'espérance de vie a fait un bond spectaculaire. Dès 2018, la malaria avait rejoint la variole sur la liste des maladies infectieuses n'existant plus qu'en laboratoire.

Quant à l'Amérique latine, elle a suivi la direction tracée par le Brésil et l'Argentine, lors de la création, en 1991, du Mercosur. Cette organisation commerciale régionale, suivant les traces de l'Union européenne, s'est développée en une entité politique à part entière. Rebaptisée « Union latino-américaine », elle dispose d'une police ainsi que d'un système judiciaire commun, qui ont permis de réels progrès dans la lutte, bientôt victorieuse, contre les cartels de la drogue et les guérillas dont les volontés s'étaient imposées si longtemps à de si nombreux pays.

Ces évolutions positives du climat international frayèrent indubitablement la voie de l'accord de paix israélo-palestinien. Mais les conditions régionales n'y tinrent pas moins leur place.

Les changements dont le Liban fut le théâtre ont valeur de symbole, car la logique du collectif y a remplacé celle de la violence et de la division. La réintégration de la Syrie dans la communauté des nations, après que Damas, encouragée par les États-Unis, eut décidé de suivre l'exemple de Tripoli, permit de faire émerger une nouvelle formule politique pour un Liban réinventé. En l'espace de douze mois, le Liban, Israël, la Palestine, la Syrie et la Jordanie signaient un accord d'union douanière, que de nombreux observateurs interprètent comme l'embryon d'un Marché commun du Moyen-Orient, à l'image, là encore, des premières phases de l'Union européenne, et qui fonctionne désormais comme un élément clé dans l'Union pour la Méditerranée lancée en 2008 par le président français d'alors, Nicolas Sarkozy.

Mais la région connut d'autres développements heureux. Après le départ d'Irak des États-Unis et de leurs alliés puis le renforcement des troupes en Afghanistan durant les années 2009-2010, la stabilité fit dans les deux pays des progrès notoires. Les nouveaux choix diplomatiques de Téhéran y furent pour beaucoup, l'isolement auquel l'ancien président Ahmadinejad avait condamné ses compatriotes ayant été rejeté dans les urnes par une majorité d'Iraniens, qui ont enfin pu s'exprimer librement. Les remarquables succès économiques des États du Golfe ainsi que leurs judicieux investissements dans l'éducation, la banque et les énergies renouvelables, sans parler de la culture, participèrent à la transformation de l'environnement régional. En consolidant l'équilibre social de géants comme l'Égypte, ils ont, plus que toute autre force extérieure, développé la logique de paix au Proche-Orient et apporté la preuve vivante qu'islam et modernité étaient compatibles. En organisant et en finançant la résistance de l'islam modéré contre l'intégrisme, ils ont apporté la meilleure réponse à Al-Qaida.

En une décennie, les intégristes étaient partout sur la défensive ; leur temps avait passé. Pour l'immense majorité des musulmans, le martyre avait cessé d'être, même lointainement, désirable, à l'instar de l'anarchisme et du nihilisme européens, qui avaient exercé une attraction intense à la fin du XIXe siècle et à l'aube du XXe siècle pour finalement disparaître.

En somme, la période commencée peu ou prou en 2009 fut la matrice d'un temps d'espoir dans l'histoire humaine – non pas cette « fin de l'histoire » qu'avait annoncée Francis Fukuyama, dans un trop grand élan d'optimisme, en 1991, mais, plus modestement et plus réellement, le retour d'un cycle des Lumières. Combien de temps durera-t-il ? Quelles nouvelles haines, quelles nouvelles violences viendront sourdre à la surface des sociétés humaines ? Les dirigeants du monde sauront-ils y répondre ? Questions de toujours. Pour l'heure, réjouissons-nous que les circonstances historiques aient concouru à l'avènement d'une ère d'espérance. Et tant que nous le pouvons, cueillons-en les fruits.

Que faire aujourd'hui ?

Il est probable que certains développements imaginés dans ces deux scénarios verront le jour dans le monde réel. La plupart n'adviendront pas – heureusement pour ce qui concerne le premier, malheureusement dans le cas du second. Ces histoires, un peu artificielles, répondent pourtant à une question fondamentale. Si des entités collectives comme les cultures et les nations peuvent être analysées par les prismes de la psychologie et des émotions, est-il possible, alors, de concevoir une « prescription pour le monde », qui serait en quelque sorte homologue au traitement que le médecin conseille à son patient ? Un état collectif de mélancolie, de dépression, d'hystérie ou de paranoïa peut-il être soulagé au même titre que s'il s'agissait d'un état individuel ?

En 1800, Marie-François-Xavier Bichat, le fondateur de l'anatomie descriptive moderne, définissait la vie comme l'« ensemble des fonctions qui résistent à la mort ». De la même façon, nous pouvons définir la paix comme l'« ensemble des fonctions – y compris les émotions – qui résistent à la guerre et à la violence ». Il existe des concepts – des manières de penser et de sentir – qui permettent de réduire la probabilité des conflits internationaux. Le « droit d'ingérence », la constitution d'un tribunal international chargé des crimes contre l'humanité ou la primauté de la « sécurité humaine » sur la « sécurité nationale » s'inscrivent dans ce qui peut être qualifié de « dissuasion humanitaire », une sorte de médecine préventive du système international. Leur message aux transgresseurs éventuels est très clair : *La souveraineté nationale ne vous protégera plus. Vous êtes responsables de vos crimes envers la communauté mondiale.*

Logique généreuse mais dangereuse dira-t-on. Les conditions nécessaires à son application sont loin d'être remplies. Quels outils permettraient donc de les créer ? En d'autres termes, quels sont les stratégies politiques et les mécanismes institutionnels par lesquels l'espoir peut être renforcé tandis que la peur et l'humiliation seraient contenues ? J'y consacrerai mes dernières remarques.

L'instinct de conservation, c'est le changement

Pour continuer à croire en eux-mêmes et en la réalisation de leurs ambitions, les acteurs internationaux doivent accepter le changement et reconnaître que le *statu quo* n'est pas tenable.

Lors du bal qui conclut *Le Guépard*, célèbre roman de Giuseppe Tomasi di Lampedusa, le prince Salina observe l'arrivée des nouvelles élites – une scène que le cinéma de Lucchino Visconti a achevé de graver dans nos mémoires – et remarque, mi cynique, mi nostalgique : « Il faut que tout change pour que tout reste semblable[2]. » Mon propos est à l'opposé. Les choses doivent changer radicalement si nous ne voulons pas voir s'effondrer l'ordre international et se précipiter un déséquilibre dangereux et vertigineux. Les acteurs eux-mêmes doivent se convaincre que le *statu quo* est la recette du pire.

Cette conviction est parfois la meilleure expression de l'instinct de conservation. Ainsi du président De Klerk, mettant fin, comme nous l'avons vu plus haut, au régime d'apartheid en Afrique du Sud.

Si l'histoire ne revêt pas partout le même costume tragique, ses injonctions demeurent, et la plupart des nations et des cultures doivent changer afin de maintenir l'espoir et de transcender la peur et l'humiliation. En Asie, par exemple, le changement signifie la refondation d'un État de droit respecté et l'intégration des plus pauvres dans le lit du fleuve social. Pour continuer à incarner la culture de l'espoir, la Chine et l'Inde ne peuvent se permettre de voir leur croissance économique ébranlée par l'instabilité sociale et politique qui résulterait inévitablement d'une crispation et d'un maintien du *statu quo*. Même Singapour doit changer et s'ouvrir aux courants d'air si elle veut continuer d'attirer les élites régionales et internationales dont elle a de plus en plus besoin.

Quant à la Russie, elle ne peut non plus accepter passivement la fatalité du despotisme oriental, quelle qu'en soit la forme. Les Russes méritent mieux, et leur première tâche ne serait-elle pas de réduire le fossé entre la qualité de leur culture littéraire et artistique et la pauvreté de leur culture politique ? Pour la Russie aussi, la préservation du *statu quo* est la garantie du déclin.

Dans le cas de l'Occident, l'instinct de conservation commanderait que nous retrouvions le sens des valeurs universelles. Nous aimons prêcher la supériorité de notre modèle démocratique et la nature unique de notre système de protection sociale par comparaison avec la Chine et l'Inde. Mais ces valeurs sont-elles réellement mises en pratique dans nos propres pays ? Posons-nous la question et osons y répondre honnêtement, quoi qu'il en coûte.

Au-delà de ce point, l'instinct de conservation n'a pas la même signification en Amérique et en Europe. Outre-Atlantique, il s'agit de retrouver sur la scène mondiale une certaine modestie sans sombrer pour autant dans l'isolationnisme, en clair, accepter de devenir *une* « nation indispensable » parmi d'autres, et le traduire, que ce soit en termes de puissance ou d'influence. L'Amérique ne sera plus jamais seule.

Ce message a des conséquences directes et précises. L'Amérique doit apprendre à s'accommoder de ceux qui sont ou deviennent ses égaux, tout comme l'Europe l'a fait, durant la plus grande partie de son histoire moderne, dans le cadre de son système d'« équilibre des puissances ». Pendant longtemps encore, rien ne se fera dans le monde sans l'Amérique, mais rien non plus par la seule Amérique.

Pour rester fidèle à son essence démocratique, la république américaine doit accepter ce changement et le fléchissement concomitant de son statut international. L'*hubris* impériale l'a presque détruite. Une Amérique plus modeste, plus honnête au-dehors, plus ambitieuse chez elle sur le plan social et sur celui de l'environnement, peut reconquérir son image internationale, en reconnaissant, tout simplement, que le mieux est l'ennemi du bien, que la puissance est une chose l'influence une autre, qu'en cédant sur la première on peut accroître la seconde.

Pour l'Europe, instinct de conservation et changement passent par l'ambition retrouvée d'un rôle global, qui n'exigerait pas, loin s'en faut, qu'elle abdique son intérêt premier pour les normes et les modèles. L'Union européenne peut-elle devenir une réalité attractive pour ses concitoyens et cesser de se figer dans une entité bureaucratique purement rationnelle et très largement déshumanisée ? Je le crois. Le but ultime du projet européen doit être de réinventer, pour le XXIe siècle, le concept de souveraineté.

L'Europe n'est plus le centre de l'histoire mondiale. Il lui faut accepter ce changement, reconnaître cette réalité, non comme une fatalité tragique mais comme un simple fait historique. L'énergie et l'espoir viendront d'abord de ceux qui ont le plus d'appétit : les nouveaux pays membres, les nouveaux immigrants et, par-dessus tout, les femmes, nouvellement émancipées. Ainsi le XXIe siècle pourrait n'être pas seulement le « siècle de l'Asie » et le « siècle de l'identité », mais aussi le « siècle des femmes ».

Aux États-Unis et en Europe, l'« audace de l'espoir », pour reprendre la formule de Barack Obama, doit progressivement remplacer la « facilité de la peur ». Pour cela, une confiance renouvelée dans les valeurs et la mission de l'Occident est essentielle.

L'essor de l'Asie, son printemps ne signifient pas nécessairement pour l'Occident la grisaille et les frimas de l'hiver. Le riche automne de la maturité s'offre à nous, si trois conditions, toutefois, sont remplies. Nous devons tout d'abord reconnaître que l'ère de « notre suprématie » est close. Il nous faut, en second lieu, accepter d'apprendre des succès des autres. Enfin – sans doute est-ce, des trois conditions, la plus déterminante – nous devons croire, plus que jamais, en nos valeurs. Car notre différence tient à cette marque, unique, d'universalisme, à notre respect, profondément enraciné, pour l'État de droit, à notre préoccupation des équilibres sociaux et économiques. Que nous soyons capables de mêler cette nouvelle modestie et cette confiance renouvelée en nos valeurs, et tout demeurera possible. L'« automne de l'Occident » ne sera pas alors synonyme de son « déclin ».

C'est de confiance, précisément, que le monde arabo-musulman a le plus besoin, afin de transcender sa culture de l'humiliation. Pour des pays comme l'Égypte ou l'Arabie saoudite, toute tentative de préserver le *statu quo* engendrerait un désastre. Le remarquable succès des petits émirats du Golfe, tels Dubaï ou Abou Dhabi, repose certes sur des conditions particulières, à savoir une immense richesse en énergie fossile et une population réduite, mais il démontre aussi que modernité et islam ne sont pas incompatibles, et que les Arabes peuvent réussir dans la compétition féroce de l'ère globale, pour peu qu'ils veuillent bien accepter le changement et se projeter positivement dans le futur, plutôt que de succomber aux sirènes du passé.

Le poids de la mémoire et du ressentiment constitue l'obstacle le plus difficile à franchir sur la voie du changement. En investissant massivement dans l'éducation, les Émirats du Golfe, au contraire, ouvrent cette voie, même si leur passion mercantiliste et consumériste diminue la portée de l'espoir qu'ils génèrent.

En Amérique latine, changer, c'est d'abord dépasser la tentation populiste et approfondir l'unification du continent. Ce qui signifie aussi se dépouiller d'une définition négative de l'identité. L'Amérique latine possède les ressources humaines et physiques qui lui permettront de devenir un continent de l'espoir et du possible. Cette remarque vaut également – qui en douterait ? – pour l'Afrique.

Face à l'intolérance, une seule réponse, le savoir

Ignorance et intolérance vont de pair. La paix et la réconciliation ne sont possibles qu'entre des peuples qui se connaissent et s'acceptent mutuellement. Nous vivons à l'âge de l'information et ne comprenons pas mieux l'Autre que par le passé. Tout au contraire. Nous sommes inondés d'images et d'événements qui obscurcissent plutôt qu'ils n'éclairent notre vision. Or ce monde est voué à la complexité, et ses cultures, ses nations, ses individualités revendiqueront avec une préoccupation croissante leur identité. Cette préoccupation – cette obsession – ne peut que renforcer le poids des émotions dans les affaires internationales.

Mais le monde interdépendant et intégré dans lequel nous vivons est tout bonnement trop difficile à saisir et à comprendre. Question tout à la fois de quantité et de qualité : nous autres humains n'avons jamais été aussi nombreux et aussi divers, dans nos façons de vivres, nos valeurs, nos environnements. Il est tentant d'échapper à cette complexité en l'ignorant délibérément. D'où l'attrait exercé par le fondamentalisme religieux et l'extrémisme idéologique, qui réduisent le monde à la simplicité de slogans, de « petites phrases » et d'ordres sans appel.

Dans un tel monde, les émotions rassurent et réassurent. « Je ne peux plus saisir ou comprendre – sans parler de le maîtriser – le monde dans lequel je vis. Je dois donc exalter ma différence et donner priorité à mes émotions. »

Pour cette raison même, il devient encore plus essentiel d'apprendre dans quel contexte émotionnel baignent les autres cultures et de comprendre – sinon ressentir – ces émotions. L'Autre a de plus en plus vocation à faire partie de nous-mêmes dans nos sociétés multiculturelles. Les frontières émotionnelles du monde sont devenues aussi importantes que ses frontières physiques ou topographiques. Les secondes ne recouvrent que mécaniquement les premières. Avec le temps, la cartographie des émotions deviendra aussi légitime, aussi impérieusement nécessaire, que celle des réalités géographiques.

Saisir les différences et les similarités, historiques et culturelles, qui nous distinguent de l'Autre et nous unissent à lui, telle est la base, indispensable, d'un monde plus tolérant. Pour cette raison, l'enseignement de l'histoire et de la culture devrait être obligatoire dans n'importe quel cursus de relations internationales. Combien de dirigeants occidentaux sont-ils capables de porter un jugement sur le continent africain à l'aune d'une connaissance réelle de l'histoire précoloniale, si riche et si complexe ? Combien parviendraient à se débarrasser du fantasme de leur supériorité culturelle fondé sur une ignorance parfois abyssale ? L'Afrique est depuis trop longtemps un continent oublié, parce qu'elle fut, et qu'elle est encore, dans une large mesure, le plus ignoré et le moins compris de tous. À une moindre échelle, le même problème grève nos relations avec l'Asie, avec l'Amérique latine et même avec des sociétés « familières » mais complexes comme la Russie.

Si la connaissance de l'Autre, assortie d'un minimum de compréhension, est vitale, la connaissance de soi ne l'est pas moins. À vrai dire, l'une et l'autre sont étroitement liées, car seules des sociétés qui s'acceptent elles-mêmes peuvent s'accorder avec d'autres. La connaissance de soi revêt en terre d'Islam une importance particulière. Car il n'est de sol plus fertile que l'ignorance de sa propre culture et de sa propre religion pour les interprétations les plus extrémistes, les perversions les plus radicales et, *in fine*, pour l'enseignement de la haine. Le processus sélectif qui ne retient du Coran que les formules les plus intolérantes est le fruit d'une connaissance infatuée et superficielle des textes sacrés de l'humanité.

L'optimisme nous est aussi nécessaire que le sens du tragique

Mon approche de l'histoire se fonde non seulement sur un optimisme sincère – je suis convaincu que le monde est perfectible et que nous avons le devoir de le rendre meilleur, même si ce n'est qu'à la marge –, mais aussi sur une conscience tout aussi nette de la nature tragique des processus historiques. Réaliste dans un monde d'idéalistes, je peux aussi être considéré comme un idéaliste dans un monde de réalistes. Réconcilier l'éthique et la géopolitique : de toute ma vie professionnelle, je n'ai pas eu d'autre souci.

Si j'ai été poussé vers l'idée d'une « géopolitique des émotions », je le dois, pour une part, à mon histoire personnelle. Fils d'un survivant d'Auschwitz, je suis né avec le sentiment de la tragédie. Mais l'expérience de mon père, qui, par un mélange de chance, d'énergie et d'espoir survécut aux camps, et la volonté de témoigner pour ce qu'il avait subi me donnèrent quelque chose comme le sens d'une mission. La question centrale posée par la vie de mon père, avec laquelle je me suis débattu pendant des années, la voici : le monde dans lequel nous vivons peut-il accomplir, ne serait-ce qu'en partie, ce que mon père a accompli – transcender la peur et l'humiliation et rallumer l'espoir, même face à la tragédie ?

Y répondre est une tâche ambitieuse. Mais l'espoir et la confiance sont d'abord un état d'esprit. Sur le point d'être arrêté par les nazis dans Paris occupé, l'auteur dramatique et humoriste Tristan Bernard eut ces mots, s'adressant à sa femme : « Jusqu'à présent nous avons vécu dans la peur, désormais nous allons vivre dans l'espoir. »

Pour relever les défis qui l'attendent, le monde a besoin d'espoir. C'est du moins, la conviction et le message de ce livre.

NOTES

I. Le choc des émotions

1. Suketu Mehta, « Mumbai, my Mumbai », *International Herald Tribune*, 17 juillet 2007.

2. Francis Fukuyama, *The End of History and the Last Man*, New York, Free Press, 1992 ; *La Fin de l'histoire et le dernier homme*, Paris, Flammarion, 1992.

3. Samuel P. Huntington, *The Clash of Civilizations and the Remaking of World Order*, New York, Simon & Schuster, 1996 ; *Le Choc des civilisations*, Paris, Odile Jacob, 1997.

4. Pierre Hassner, *La Violence et la Paix : de la bombe atomique au nettoyage ethnique*, Paris, Éditions Esprit, 1995.

5. Stanley Hoffmann, *Duties beyond Borders ; on the Limits and Possibilities of Ethical International Politics*, Syracuse (N.Y.), Syracuse University Press, 1981 ; *Une morale pour les monstres froids : pour une éthique des relations internationales*, Paris, Le Seuil, 1982. *The Ethics and Politics of Humanitarian Intervention* (et alii), University of Notre Dame Press, 1996.

II. Mondialisation et quête identitaire

1. Thomas L. Friedman, *The World is Flat*, London, Allen Lane, 2005 ; *La Terre est plate, brève histoire du XXIe siècle*, Paris, Fondation Saint-Simon, 2006.

2. Thomas L. Friedman, *The Lexus and the Olive Tree*, New York, Farrar, Straus and Giroux, 1999. L'auteur, éditorialiste au *New York Times*, s'y livre à une vaste méditation autour du paradoxe

suivant : tandis que dans certaines parties du monde, les consommateurs s'arrachent les luxueuses automobiles Lexus dans d'autres – au Moyen-Orient par exemple –, les gens se battent pour la possession d'un olivier *(NdT).*

3. *Ibid.*, p. 7-8.

4. Daniel Cohen, *Trois Leçons sur la société post-industrielle*, Paris, Le Seuil, 2006.

5. Martin Wolf, *Why Globalization Works*, New Haven, Yale University Press, 2004.

6. Dans l'hommage qu'il rendit aux aviateurs de la RAF après leur victoire dans la bataille d'Angleterre Winston Churchill avait dit : « Jamais dans les conflits humains tant de gens n'ont dû autant à si peu. » (NdT.)

7. Raymond Aron, *Paix et guerre entre les nations*, Paris, Calmann-Lévy, 1962.

8. Jean Bodin, *Les Six Livres de la République (1576)*, Paris, Fayard, 1986.

III. La culture d'espoir

1. Edward Luce, *In Spite of the Gods*, London, Little, Brown, 2006.

2. Jairam Ramesh, *Making sense of Chindia*, New Delhi, India Research Press, 2005 ; cité par Martin Wolf dans *The Financial Times*, 20 mars 2007.

3. « China's Optimism. Prosperity Brings Satisfaction and Hope », Pew Global Attitude Project, 16 novembre 2005.

4. Asian Civilization Museum, Singapour.

5. « China : The Three Emperors, 1662-1795 », Royal Academy of Arts, novembre 2005 - avril 2006.

6. Harry G. Gelber, *The Dragon and the Foreign Devils*, New York, Walker & Company, 2007, p. 415-416.

7. Azar Gat, « The Return of Authoritarian Great Powers », *Foreign Affairs*, juillet-août 2007.

8. Zbigniew Brzezinski cité par Harry G. Gelber, *op. cit.*, p. 418.

9. Amartya Sen, *The Argumentative Indian*, London, Allen Lane, Penguin Books, 2005, p. XII-XIII ; *L'Inde : histoire, culture et identité*, Paris, Odile Jacob, 2007.

10. Anand Giridharadas, « Everything is Changing but Treatment of Poor », *International Herald Tribune*, 8 août 2008.

11. Edward Luce, *op. cit.*, p. 221 et suivantes.

12. Pavan K. Varma, *Being Indian*, London, Arrow Books, 2006, p. 186 ; *Le Défi indien : pourquoi le XXIe siècle sera le siècle de l'Inde*, Arles, Actes Sud, 2005.

13. Edward Luce, *op. cit.*, p. 336.

14. Ian Buruma, *The Wages of Guilt ; Memories of War in Germany and Japan*, New York, Farrar, Straus and Giroux, 1994.

15. *The Financial Times*, « Special Report on China », 13 septembre 2008.

IV. La culture d'humiliation

1. Reza Zia-Ebrahimi, « Mending a Muslim Divide », *International Herald Tribune*, 22 juillet 2008.

2. Paul Valéry, *La Crise de l'esprit*, 1919, in *Variétés*.

3. Albert Habib Hourani, *A History of the Arab Peoples*, London, Faber & Faber, 1991, p. 249 ; *Histoire des peuples arabes*, Paris, Le Seuil, 1997.

4. *Ibid.*, p. 442-443.

5. Alaa El Aswany, *L'Immeuble Yacoubian*, Arles, Actes Sud, 2005 ; adapté au cinéma par Marwan Hamed en 2006.

6. David Ayalon, *Le Phénomène mamelouk dans l'Orient islamique*, Paris, Presses universitaires de France, 1996, p. 125-141.

7. Bernard Lewis, « Europe and Islam », Irving Kristol Lecture, 2007, American Enterprise Institute, Washington D.C.

8. C'est le déclenchement de la guerre du Kippour, qui se terminera, après l'appel de l'ONU (résolution 338 du Conseil de sécurité), autour d'une table de négociation. L'Égypte n'en tire aucun gain territorial, mais elle lui permet de rétablir sa souveraineté sur le canal, fermé depuis la guerre des Six Jours, qu'elle rouvre alors à la navigation. Cette guerre est aussi l'une des causes du premier choc pétrolier *(NdT)*.

9. Yaroslav Trofimov, *The Siege of Mecca*, New York, Doubleday, 2007.

10. Bernard Lewis, *op. cit.*

11. United Nations Development Report, 2002.

12. Olivier Roy, *L'Islam mondialisé*, Paris, Le Seuil, 2002.

13. Nicholas Gage, « Orthodox Christianity under threat », *International Herald Tribune*, 9 septembre 2008.

14. James Piscatori, « *The Turmoil within Islam* », *Foreign Affairs*, mai-juin 2002.

15. Ayaan Hirsi Ali, *The Caged Virgin : A Muslim Woman's Cry for Reason*, New York, London, Free Press, 2006, p. X-XI.

16. Mark LeVine, *Heavy Metal Islam : Rock, Resistance and the Struggle for the Soul of Islam*, New York, Three Rivers Press, 2008.

17. *Arab Human Development Report*, 2002.

18. Edward Said, *Orientalism*, New York, Pantheon Books, 1978 ; *L'Orientalisme : l'Orient créé par l'Occident*, Paris, Le Seuil, 1980.

19. « Radicalisation en Occident ; la menace intérieure », rapport de la police de New York 2008, *Le Monde*, 26 juin 2008.

20. Mohsin Hamid, *The Reluctant Fundamentalist*, Penguin Books, 2007 ; *L'Intégriste malgré lui*, Paris, Denoël, 2007.

21. Shiv Malik, « My Brother the Bomber », *Prospect*, n° 135, juin 2007.

22. Jean Baudrillard, « New York. Requiem pour les Twin Towers », in *Power Inferno*, Paris, Galilée, 2002.

23. Philip Bobbitt, *Terror and Consent : the Wars for the 21st Century*, New York, Alfred Knopf, 2008.

24. Hossein Shariatmadari, entretien dans *The Financial Times*, 22 avril 2008.

25. Samir Kassir, *Considérations sur le malheur arabe*, Arles, Actes Sud Sindbad, 2004.

26. *Ibid.*, p. 87, 89, 90, 93.

V. La culture de peur

1. Peter N. Stearns, *American Fear : the Causes and Consequences of High Anxiety*, New York, Routledge, 2006, p. 213.

2. *Uploading Democracy*, Research Center Publication, 24 juillet 2007.

3. Jonathan Laurence, Justin Vaïsse, *Integrating Islam : Political and Religions Challenges in Contemporary France*, Washington DC,

Brookings Institution Press, 2004 ; *Intégrer L'Islam*, Paris, Odile Jacob, 2007, p. 65.

4. « Islamic Extremism. Common concern for Muslim and Western Publics. Opinions on Turkey joining the European Union », New Global Attitudes Project, 14 juillet 2005.

5. Paul Kennedy, *The Rise and Fall of the Great Powers*, New York, Random House, 1987 ; *Naissance et déclin des grandes puissances : transformations économiques et conflits militaires entre 1500 et 2000*, Paris, Payot, 1989.

6. Philip H. Gordon, *Winning the Right War*, New York, Times Books, 2007.

7. David Frum, Richard Perle, *An End to Evil*, New York, Random House, 2004, p. XVI.

8. David Brooks, « Harmony and the Dream », *The New York Times*, 11 août 2008.

9. Fareed Zakaria, *The Post-American World*, New York, W.W. Norton, 2008.

10. Tamar Jacoby, « Immigration Nation », *Foreign Affairs*, novembre-décembre 2006.

11. Tony Smith, *A Pact with the Devil*, New York, Routledge, 2007.

12. Anne-Marie Slaughter, *The Idea that is America : Keeping Faith with our Values in a Dangerous World*, New York, Basic Books, 2007, p. 210.

VI. Les « inclassables »

1. Nicholas Kristof, « Africa ; Land of Hope », *The New York Times*, 5 juillet 2007.

2. *Ibid.*

VII. Le monde en 2025

1. Paul Kennedy, *op. cit.*

2. Giuseppe Tomasi di Lampedusa, *Le Guépard*, 1958.

BIBLIOGRAPHIE SÉLECTIVE

ALLEN Mark, *Arabs*, London, Continuum, 2006.

APPADURAI Arjun, *Fear of Small Numbers, An Essay on the Geography of Anger*, Durham, Duke University Press, 2006 ; Géographie de la colère : la violence à l'âge de la globalisation, Paris, Payot, 2007.

AYALON David, *Le Phénomène mamelouk dans l'Orient islamique*, Paris, Presses universitaires de France, 1996.

BARBER Benjamin R., *Jihad vs. McWorld : Terrorism's Challenge Democraty*, New York, Ballantine Books, 1996 ; Djihad versus McWorld : mondialisation et intégrisme contre la démocratie, Paris, Desclée de Brouwer, 1996.

BRZEZINSKI Zbigniew, *Second Chance : Three Presidents and the Crisis of American Superpower*, New York, Basic Books, 2007.

BURUMA Ian & MARGALIT Avishai, *Occidentalism : The West in the Eyes of its Enemies*, New York, The Penguin Press, 2004 ; L'Occidentalisme : une brève histoire de la guerre contre l'Occident, Paris, Climats, 2006.

BURUMA Ian, *Inventing Japan : From Empire to Economic Miracle*, London, Orion Books, 2005.

COOPER Robert, *The Breaking of Nations : Order and Chaos in the 21st Century*, New York, Atlantic Monthly Press,

2003 ; La Fracture des nations : ordre et chaos au XXIe siècle, Paris, Denoël, 2004.

COURBAGE Youssef & TODD Emmanuel, *Le Rendez-vous des civilisations*, Paris, Le Seuil, La République des idées, 2007.

DILLENS Anne-Marie, *La Peur, émotion, passion, raison*, Bruxelles, Facultés universitaires Saint-Louis, 2006.

DRISSI Amar & DE MONTBRIAL Thierry, *Dubai : The New Arab Dream*, Paris, IFRI, 2006.

ETZIONI Amitai, *From Empire to Community*, New York, Palgrave Macmillan, 2004.

FABRY Elvire, *Les Européens face à la mondialisation*, Paris, Fondation pour l'innovation politique, 2007.

FERGUSON Niall, *The War of the World : History's Age of Hatred*, London, Penguin Books, 2006.

FRIEDMAN Thomas L., *The Lexus and the Olive Tree : Understanding Globalization*, New York, Farrar, Straus and Giroux, 1999.

FRIEDMAN Thomas L., *The World is Flat : A Brief History of the Globalized World in the 21st Century*, London, Allen Lane, Penguin Books, 2005 ; La Terre est plate : une brève histoire du XXIe siècle, Paris, Fondation Saint-Simon, 2006.

GELBER Harry G., *Dragon and the Foreign Devils : China and the World*, 1100 B.C. to the Present, New York, Walker & Compagny, 2007.

GLUCKSMANN André, *Le Discours de la haine*, Paris, Plon, 2004.

GNESOTTO Nicole & GREVI Giovanni, *Le Monde en 2025*, Paris, Robert Laffont, 2007.

GORDON Philip H., *Winnig the Right War : The Path to*

Security for America and the World, New York, Times Books, 2007.

GUÉHENNO Jean-Marie, *L'Avenir de la liberté, la démocratie dans la mondialisation*, Paris, Flammarion, 1999.

HABERMAS Jürgen, *The Divided West*, Cambridge, Polity Press, 2006.

HASSNER Pierre, *La Violence et la Paix. De la bombe atomique au nettoyage ethnique*, Paris, Éditions Esprit, 1995.

HIRSI Ali Ayaan, *The Caged Virgin : A Muslim Woman's Cry for Reason*, New York, London, Free Press, 2006.

HOFFMANN Stanley, *Duties beyond Borders ; on the Limits and Possibilities of Ethical International Politics*, Syracuse (N.Y.), Syracuse University Press, 1981 ; *Une morale pour les monstres froids : pour une éthique des relations internationales*, Paris, Le Seuil, 1982.

HOPKINS Anthony G. (edited by), *Globalization in World History*, New York, London, W. W. Norton & Company, 2002.

HUNTINGTON Samuel P., *Who Are We ? America's Great Debate*, New York, London, Simon & Schuster, 2004.

HUSAIN Ed, *The Islamist : Why I joined radical Islam in Britain, what I saw inside and why I left*, London, Penguin Books, 2007.

HUTTON Will, *The Writing of the Wall : China and the West in the 21st Century*, London, Little, Brown, 2007.

IZRAELEWICZ Érik, *Quand la Chine change le monde*, Paris, Grasset, 2005.

KAPLAN Robert D., *The Coming Anarchy : Shattering the Dreams of the Post Cold War*, New York, Vintage Books, 2001.

KASSIR Samir, *Considérations sur le malheur arabe*, Arles, Actes Sud, Sindbad, 2004.

KEPEL Gilles, *Terreur et martyre*, Paris, Flammarion, 2008.

KOCH Richard & SMITH Chris, *Suicide of the West*, London, New York, Continuum, 2006.

KURLANTZICK Joshua, *Charm Offensive, How China's Soft Power is Transforming the World*, New Haven, London, Yale University Press, 2007.

LAURENCE Jonathan & VAISSE Justin, *Integrating Islam : Political and Religious Challenges in Contemporary France*, Washington D.C., Brookings Institution Press, 2006 ; *Intégrer l'Islam*, Paris, Odile Jacob, 2007.

LEWIS Bernard, *From Babel to Dragomans : Interpreting the Middle East*, London, Orion Books, 2005.

LEWIS Bernard, *The Middle East : A Brief History of the Last 2000 Years*, New York, Scribner, 1995 ; *Histoire du Moyen-Orient : deux mille ans d'histoire de la naissance du christianisme à nos jours*, Albin Michel, 1997.

LIEVEN Anatol, *Le Nouveau Nationalisme américain*, Paris, Lattès, 2005.

LOVELL Julia, *The Great Wall : China against the World 1000 BC-AD 2000*, London, Atlantic Books, 2006.

LUCE Edward, *In Spite of the Gods : The Strange Rise of Modern India*, London, Little, Brown, 2006.

MACMILLAN Margaret, *Seize the Hour : When Nixon met Mao*, London, John Murray, 2006.

MAHBUBANI Kishore, *Beyond the Age of Innocence : Rebuilding Trust Between America and the World*, New York, Public Affairs, 2005 ; Le Défi asiatique, Paris, Fayard, 2008.

MAHBUBANI Kishore, *The New Asian Hemisphere : The Irresistible Shift of Global Power to the East*, New York, Public Affairs, 2008.

NAFISI Azar, *Reading Lolita in Tehran : A Memoir in Books*, New York, Random House, 2003 ; *Lire Lolita à Téhéran*, Paris, Plon, 2004.

NIQUET Valérie, *Chine-Japon. L'affrontement*, Paris, Perrin, 2006.

OBAMA Barack, *The Audacity of Hope : Thoughts on Reclaiming the American Dream*, New York, Canongate, 2006 ; *L'Audace d'espérer : une nouvelle conception de la politique*, Paris, Presses de la Cité, 2007.

PAMUK Orhan, *Istanbul : souvenirs d'une ville*, Paris, Gallimard, 2007.

PAMUK Orhan, *Neige*, Paris, Gallimard, 2005.

PHILLIPS Melanie, *Londonistan : How Britain is Creating a Terror State Within*, London, Gibson Square, 2006.

PODHORETZ Norman, *World War IV : The Long Struggle against Islamofascism*, New York, Doubleday, 2007.

PRESTOWITZ Clyde, *Rogue Nation : American Unitaleralism and the Failure of Good Intentions*, New York, Basic Books, 2003.

RICHARDSON Louise, *What Terrorists Want : Understanding the Terrorist Threat*, London, John Murray, 2006.

ROY Olivier, *Les Illusions du 11 Septembre. Le débat stratégique face au terrorisme*, Paris, Le Seuil, La République des Idées, 2002.

SAID Edward W., *Culture and Imperialism*, New York, Vintage Books, 1994.

SAID Edward W., *Out of Place : A Memoir*, London, Granta Books, 2000.

SEN Amartya, *The Argumentative Indian : Writings on Indian History, Culture and Identity*, London, Allen Lane, Penguin Books, 2005 ; *L'Inde : histoire, culture et identité*, Paris, Odile Jacob, 2007.

SHLAIM Avi, *The Iron Wall : Israel and The Arab World*,

London, Allen Lane, Penguin Books, 2000 ; *Le Mur de fer : Israël et le monde arabe*, Paris, Buchet Chastel, 2008.

SLAUGHTER Anne-Marie, *The Idea that is America : Keeping Faith with Our Values in a Dangerous World*, New York, Basic Books, 2007.

SMITH Rupert, *The Utility of Force : The Art of War in the Modern World*, London, Allen Lane, Penguin Books, 2005 ; *L'Utilité de la force : l'art de la guerre aujourd'hui*, Paris, Economica, 2007.

SMITH Tony, *A Pact with the Devil : Washington's Bid for World Supremacy and the Betrayal of the American Promise*, New York, Routledge, 2007.

STEARNS Peter N., *American Fear : The Causes and Consequences of High Anxiety*, New York, Routledge, 2006.

THAROOR Shashi, *India, from Midnight to the Millennium*, New York, Arcade Publishing, 1997 ; L'Inde, d'un millénaire à l'autre (1947-2007), Paris, Le Seuil, 2007.

TRENIN Dmitri, *The End of Eurasia : Russia on the Border between Geopolitics and Globalization*, Washington, D.C., and Moscow, Carnegie Endowment for International Peace, 2002.

TROFIMOV Yaroslav, *The Siege of Mecca : The Forgotten Uprising in Islam's Holiest Shrine and the Birth of Al Qaeda*, New York, Doubleday, 2007.

VARMA Pavan K., *Being Indian : Inside the Real India*, London, Arrow Books, 2006 ; *Le Défi indien : pourquoi le XXIe siècle sera le siècle de l'Inde*, Arles, Actes Sud, 2007.

Weapons of Mass Destruction Commission 2006 (The), *Weapons of Terror : Freeing the World of Nuclear, Biological and Chemical Arms.*

REMERCIEMENTS

Ce livre n'a pas été un exercice solitaire, mais une véritable aventure familiale. Mon fils aîné Luca n'a pas seulement été mon « assistant de recherche », mais un véritable compagnon intellectuel et spirituel. Il m'a fait bénéficier de sa culture philosophique et il m'a « tenu la main » quand j'étais pris par le doute. Mon épouse Diana Pinto a inlassablement relu dans ses multiples versions anglaise et française un texte en évolution constante qui ne serait pas ce qu'il est devenu sans la force de ses commentaires et de son esprit critique. Mon fils cadet Laurent a ajouté de Singapour où il se trouvait son regard « asiatique » à mon livre.

J'ai bénéficié dans la préparation et la rédaction de ce livre de conversations amicales et fructueuses avec de nombreux collègues, étudiants et amis et en particulier Sergio Amaral, Jean-Claude Cousseran, Stanley Hoffmann, Roula Khalaf, Minxin Pei, Mahieddine Raoui, Olivier Roy, Shashi Taroor et Martin Wolf.

Enfin ce livre consacré aux émotions doit beaucoup aux lieux qui ont servi de cadre à sa rédaction. Ma Basse-Normandie si verte et si sereine en contrepoint aux drames du monde et son absolu opposé, la Corse, où Anne et Jean de Kervasdoué m'ont reçu dans leur paradis lorsque le crachin de l'Ouest commençait à affecter mon moral et ma productivité intellectuelle. Au-delà des paysages, il y a les sons. Ce livre ne serait pas ce qu'il est sans l'intégrale de l'œuvre de Beethoven sortie dans la collection Diamant qui a accompagné son écriture, lui insufflant l'espoir nécessaire, lui permettant de transcender peur et humiliation.

TABLE

Mise en page
PCA
44400 Rezé

N°édition : L.01EHQN000582.N001
Dépôt légal : septembre 2011
Imprimé en Espagne par Novoprint (Barcelone)